中央大学政策文化総合研究所研究叢書 21

中央ユーラシアへの現代的視座

梅村　坦　編

中央大学出版部

まえがき

　中央ユーラシアは，旧大陸のただ中にあって，異なった自然環境が陸続きになり，異なった文化と歴史がたがいに干渉し合いながら形成されてきた地域である．私たちの研究グループが，この中央ユーラシアを対象としてかなりの年数がたつ．最初の約10年間の試行錯誤を，不十分ながらまとめたのが『中央ユーラシアの文化と社会』（中央大学出版部，2011年）であり，その「まえがき」に新免康氏と私は，そのとりまとめの意義について次のように述べた．

　「中央ユーラシアに視点を置き，そこからその周縁に存在している伝統的な諸文明あるいは大国の動態を見渡すという作業を通して，もう一度私たちの世界を点検することができるのではないか」

　要するに，あえて中央ユーラシア内部から世界全体を見通す，という心構えをもって書籍を構成してみたのであった．どれほど多くの外部研究者や学生，一般の方々に私たちのささやかな研究成果が伝わったかはわからないが，中央ユーラシアをめぐる現代的な政治・社会・経済・文化そして歴史は，私たち日本列島に住む人々にとって，やはり関心の高い話題にはなりにくい現状に変わりないようだ．たとえば全方位外交しか日本の行く道はない，と考える人々にとってさえ，中国大陸の向こう側といえば，即西アジア，否，ヨーロッパであったりする．この状況を打破するパースペクティブが，中央ユーラシアに注目することによって開けるに違いない．少なくとも私たちはそう考えた．そこで，その後も，研究グループの名称を変えずに第2期の「中央ユーラシアと日本：研究動向と現地状況」を継続し，個別および共同の研究（やや詳しくは本書あとがきに記す）を行った．

　この成果を，やはりささやかながら今回，ふたたび公表することとなった．内容としては，中央ユーラシア地域に潜む現代的な意義について，中央

ユーラシアの内側からの視点と，外側からの視点を組み合わせつつ見直しをはかろうという企画となった．

まず総論的に中央ユーラシアをとらえる論考を二つ用意することができた．

第1章は保坂俊司「仏教とイスラームの連続と非連続——多神教徒との共存可能性をインドのスーフィズム思想に探る——」である．スーフィズムに関しては従来からイスラーム研究・中東研究の枠組みの中で扱われることが多いが，ここではインドと中央アジアを舞台に仏教とスーフィズムの関連について論じるというユニークな試みの中で中央ユーラシア文化・思想の生きた形を浮き彫りにする．仏教の内陸伝播経路とイスラームの東方拡大要素との重なり合いが注目されるのである．

第2章，田中努「西ユーラシアにおける初期近代の展開——イスラーム世界とヨーロッパ——」は，中央ユーラシア歴史文化に不可欠の要素であるイスラームの世界を外側から見る立場を見直そうとする試みである．西ヨーロッパの歴史展開の中から見たらイスラーム世界はどのように位置づくのか，あるいは映ってこないのかを概観することにより，私たちはあらためて西ヨーロッパ史の展開を振り返っておく必要性を認識することになるに違いない．

続いて中央ユーラシア内部の現代問題を指摘する章が二つ提示される．

第3章，新免康「中国新疆における清代回部王公の現代」は，近代史における新疆のムスリム支配者層たちの動向を整理し，地域に密着した歴史事実を主に清朝（中国）側との関連で把握する．そのうえで，現在の中国がそうした歴史をどのように再構成しようとしているのか，中国独自の歴史解釈を明らかにしつつ，観光政策という観点から中国国家統合の現在進行形の歴史を描き出そうとする鋭い試みとなっている．読者は歴史事実の重みと同時に，現代国家の歴史意識ないし歴史形成意思の強力さというものに気づかされる．

第4章，王瓊「新疆における少数民族漢語普及教育政策の成立——HSK

という検定試験の導入をめぐって——」は，中国国家統合にあたって不可欠の言語政策が，どのようにして形成されていったのかという事実を報告するものとなっている．この漢語教育の徹底は，少数民族一般にたいして行われている政策であるが，とりわけムスリム文化・ウイグル言語の伝統の強く長い新疆という地域での漢語教育政策の実践は注目の的であり，語られる内容以上に重い意味をくみ取ることができる．

　続く二つの章は，中央ユーラシアを現代の視点からいわば周縁化して視認すると同時に，私たち自身への問いかけともなる試みである．

　第5章，香月法子「さまようアイデンティティ——パールシー・コミュニティ維持対策とその課題——」は，歴史的に見て発生・発展・拡大の場であったイランを中心とする中央ユーラシア，そしてインドにおけるゾロアスター教徒，いわゆるパールシーたちが，現在どのようにしてアイデンティティを維持しようとしているのか，その姿勢と内部議論を追う記録であり，あまり世に知られないマイノリティの苦悩をつうじて，広くいえば宗教文化と人間集団の本質理解への考察を私たちに促す．

　第6章，塩谷真梨「ユーラシアの東西における環境政策への取り組み——政策決定メカニズムにおける地域社会の役割と住民参加——」は，中央ユーラシア西端のスロバキアと東端に位置する日本とを対比しながら，ラムサール条約に登録された湿原を調査対象とする自然環境政策について報告し，考察する．この種の政策の実現にあたって地域住民の参加がいかに必須の条件となってきているかを問う論考内容は，自然環境が破壊ないし無視さえされがちな中央ユーラシア全域にとって，政策決定参加への理念が役割を持っていることに気づかされる．

　このように見てくると，中央ユーラシア地域で繰り広げられてきた歴史と文化は，単に多様性という言葉で示される以上に，今や集約されたいくつかの形となって，現代に生きて世界を広く観察し，よりよい世界を模索しようとする者たちの前に立ち現れてくるのではないだろうか．少なくとも本書で

集約されるキータームは，イスラームであり，マイノリティたちのもつ文化であろう．そして国家統合の現在の形を確認しつつ，統合される人々や文化の実態を把握し，国家の意思からはみ出る人々にむしろ注目し，そうした人々とそれらを観る私たち自身の未来を，想像力をもって構築する，そうした試みに少しでも寄与していきたいと考える．

2016 年 2 月 3 日

編者　梅　村　坦

目　　次

まえがき

第 1 章　仏教とイスラームの連続と非連続
　　　──多神教徒との共存可能性をインドの
　　　スーフィズム思想に探る── ………………………… 1
　　　　　　　　　　　　　　　　　　　　　保　坂　俊　司

　　はじめに　　1
　1. スーフィズムとは？　　2
　2. スーフィズムの起源　　10
　3. 中央アジアの仏教とスーフィズム　　20
　4. スーフィズムの展開　　29
　5. インドにおけるスーフィズムの展開　　41
　　おわりに　　48

第 2 章　西ユーラシアにおける初期近代の展開
　　　──イスラーム世界とヨーロッパ── ……………… 55
　　　　　　　　　　　　　　　　　　　　　田　中　　　努

　　はじめに　　55
　1. イスラーム世界と宗教改革　　56
　2. 宗教改革と分裂するキリスト教世界　　64
　　おわりに　　78

第 3 章　中国新疆における清代回部王公の現代　………………………… 81

　　　　　　　　　　　　　　　　　　　　　　新免　康

　　はじめに　81
　1. 近代史の中の回部王公　82
　2. 観光スポットとしての回部王公関連施設　88
　3. 観光政策の中の回部王公　99
　4. 歴史表象の中の回部王公　105
　　おわりに　117

第 4 章　新疆における少数民族漢語普及教育政策の成立
　　　　――HSK という検定試験の導入をめぐって――　………………………… 127

　　　　　　　　　　　　　　　　　　　　　　王　　瓊

　　はじめに　127
　1. HSK の登場　128
　2. HSK による漢語教育の変動　131
　3. 教育制度の再調整　135
　4. HSK の問題点　140
　　おわりに　143

第 5 章　さまようアイデンティティ
　　　──パールシーのコミュニティ維持対策と
　　　その課題── ……………………………………… 147
　　　　　　　　　　　　　　　　　　　　　　香月法子

　　はじめに　147
　1．パールシーの歴史認識　152
　2．パールシーのイランへの郷愁　155
　3．イラン系ゾロアスター教徒との統一への道：
　　　第 1 回から第 3 回世界大会　160
　4．現実との直面：第 4 回から第 10 回世界大会　165
　　おわりに　173

第 6 章　ユーラシアの東西における環境政策への
　　　取り組み
　　　──政策決定メカニズムにおける地域社会の
　　　役割と住民参加── ………………………………… 183
　　　　　　　　　　　　　　　　　　　　　　塩谷真梨

　　はじめに　183
　1．ラムサール条約とは　184
　2．ラムサール条約の問題点　185
　3．サーキットモデルとは　187
　4．事例研究：東京湾とドナウ湿原より　189
　5．事例研究の比較　195
　　おわりに　196

あとがき

第 1 章

仏教とイスラームの連続と非連続
―― 多神教徒との共存可能性をインドのスーフィズム思想に探る ――

保坂 俊司

はじめに

　インド亜大陸は，一地域としては，世界第一のイスラーム教徒（以下原則ムスリムと表記）人口を誇る．世界におけるムスリム人口が，16億前後である現在，パキスタンの約1億8,000万，インド共和国の1億3,000万，そしてバングラデーシュの1億5,000万と，全世界のムスリム人口の3割弱が，インド亜大陸に住んでいる．そしてその多くがムスリムと共存しているのである．

　因みに，インド・ムスリムの起源は711年のムハンマド・カーセム（694-715頃）による西インド攻略軍の3,000人の軍人をはじめとするのである[1]．以後，インドのムスリム人口は，移民，改宗，自然増の3要素により増加の一途をたどってきた．そしてその傾向は，現在も続いている．しかし，その間，一本調子で，インド・ムスリムの人口は増えたわけではない．後に簡単に触れるが，インドにおけるムスリムの増加は，初期の軍事的支配と捕虜や敗者らの改宗から，征服者によるヒンドゥー教徒や仏教徒らへの弾圧と，その結果としての改宗，イスラームの中央アジアなどからの移民政策などによる増加，さらにインド特有のカースト制度の厳しい差別からの解放を願った

集団改宗，その中には，ヒンドゥー教との対立からイスラームへの改宗を選んだ仏教徒も多かった．

しかし，本章で問題としたいのは，軍事的には優勢であったが，宗教的，とくに宗教人口において劣勢であったイスラーム教が，インド社会，とくにインド民衆に受け入れられるために大きな役割を果たしたイスラーム神秘主義者（いわゆるスーフィー）の思想についてである[2]．というのも，彼らの思想活動は，イスラームが宗教上忌避するヒンドゥー教などのインドの多神教との共存・共生を実現させる原動力となったものであり，さらにその寛容思想の存在が，21世紀のイスラームの世界的な展開において，イスラームと他宗教との平和的共存という課題において，きわめて価値あるものであると，筆者は考えるからである．

さらに言えば，現在のイスラーム研究は，中東における，いわばイスラーム中心社会におけるイスラーム研究が中心であり，イスラームと非イスラームとの融和共存の必要性や，その具体的な思想展開への関心は小さく，イスラームと非イスラーム（とくに，多神教徒）との共存の可能性についての検討は，乏しいと言わざるをえない現状である．その意味で，非イスラームとの共生を実現した当該地域のイスラーム・神秘主義思想の研究は，現代的にも大きな意義をもつが，それのみならず，本章で扱うインド・スーフィーの思想形成に仏教思想が大きな影響を及ぼしたという事実は，イスラーム神秘思想研究の領域のみならず，仏教思想研究においても意味のある研究と考えている[3]．

1. スーフィズムとは？

(1) スーフィーの概要

イスラーム神秘主義を表す言葉は，一般にスーフィズムと呼ばれ，日本でもイスラームへの関心の深まりとともに，その名称が用いられるようになっ

てきた．しかし，スーフィズムという呼び名は，いわば俗称である．というよりむしろ，ヨーロッパのイスラーム研究者が，イスラーム教徒の中に後述するように「神との合一をひたすら願い，日々祈りを捧げる人々」を指してこのように命名したものといわれる．事実，イスラーム世界ではスーフィーよりも同じ言葉から派生した「タサッウフ（Taṣṣawwuf）」という言葉が一般的である[4]．

さて，スーフィズムとタサッウフの双方の言葉の元となっているのが，アラビア語で羊毛を表す「スーフ（sūfī）」である．しかし，この語源を，ネルデケに拠って解明されるまで，スーフィーの語源は，「清純」を表すアラビア語に求めたり，中東から地中海地域の文化をリードし続けてきたギリシャの伝統を踏まえて，ギリシャ語の「ソフォス（神智者）」を意味する「ソフォス」に求めたりしていた．つまり，前者では，スーフィーは心清らかな修行者となり，後者では神を知る者などという意味に解釈したのである．

しかし，これが古来禁欲主義者の間で，現世放棄や隠遁者，苦行者のシンボルとして纏われてきた粗末な羊毛（sūf）であることが言語学的に確定されると，スーフィーたちのイメージは，より現実に近いものとなっていった[5]．

つまり，スーフィーとは，現世的な欲求を捨て，神への畏怖を基に，ひたすら祈り，禁欲する人々であり，彼らはアッラーを自ら体験あるいは感得することをめざして，事物の外面より内面に注視しようとする人つまり，彼らは「世俗的要素をすっかり捨て去り，いわば素裸になって神に面し，肉欲・情欲の誘惑を退け，そうした努力により神のうちに帰一し合一して魂の救済を体験しようとする」[6]人々である．

このように表現すると難しいことになるが，スーフィーたちの主張は，日本人にはきわめて馴染みやすい．というのも，規則や教理解釈に厳格なイスラームの中にあって，スーフィーたちは，精神性を重視し，異教徒とくにヒンドゥー教徒や仏教徒とも近似した思想基盤を持ち，脱形式，脱教条主義を基調とする，きわめて柔軟性に富んだ思想を形成したからである[7]．そのゆ

えにと思われるが，彼らの思想は，ヒンドゥー教世界のみならず，中国における禅思想との近似性も持っている．たとえば，禅の世界のトリックスター的存在である寒山拾得，日本人に馴染みある一休の風狂にも通ずるものである．このスーフィーの説く魂の浄化の階梯は，禅宗に限らず『華厳経』や唯識思想の説く救いへの道に近似している．いずれにしても，彼らは形式や教義，伝統文化に囚われず，常に真実在である超越的なる者（イスラームでは，アッラー，仏教では仏）への合一，一体化をめざしひたすら修行に専念する（修行論については，後に検討する）．

いずれにしてもスーフィズムとは，個々人の宗教体験，ファナー（消滅，合一などという）これらは仏教的あるいはインド的にいえば，悟り体験といってもいいであろうと，筆者は考えるが，その宗教体験を中心とする信仰運動である．ただし，スーフィズム運動の研究は，スーフィーたちの思想のみならず，その集団，つまり社会的な動きまで含めた広い領域を持つ概念となっている．というのも，スーフィズムのイスラームの宗教的特徴である政教一元のゆえに，清貧なイメージとは異なり，時の専制独裁政治や恐怖政治を生み出す運動ともなったのである[8]．

以下においては，イスラームの神秘主義であるスーフィズム理解のために，まずその歴史を概観する．

(2) スーフィズムの発生

イスラームにおいては，ローマ・カトリックに典型的にみられるような，教義や教団の正統性を判断できる権威，つまり教会システムのような権力構造を作る組織は持ちえない．また，イスラームには，正統と異端という二項対立は，教理的に存在しない．ゆえに，イスラーム教学においてあるのは，個々人が信ずる教説を信ずる集団とそうでない集団，あるいは多数派か少数派かである．さらにいえば，ムスリムか非ムスリムか，さらには背教者か，という選択の問題だけである．

しかし，現実にはイスラームといえどもカトリックにおけるような他宗

派，他教派，他流派に対する弾圧は，しばしばみられた．そして，その最大の対象が，いわゆるスーフィーであった．

とくに，スーフィーは，後述するように，伝統的，常識的，言い換えれば保守的，形式的信仰生活を大きく逸脱する言行，つまり教条主義的な解釈，あるいは体制批判的な言動をとるために，しばしば権力者や体制側から弾圧を受けた[9]．

しかし，それでもスーフィーが消えうせなかったのは，スーフィーたちが持つ純粋な宗教的情熱や，彼らのひたむきな神への祈りの姿に，多くのムスリムの宗教心に大いに訴えるものがあったからである．

そもそも，スーフィーの如く，神秘的な体験を通じて神と合一できる，あるいはそうしようとするということは，預言者ムハンマドの「預言者の封印 (kh'atama；最後の預言者の意味)」(『コーラン』33-40) という徳性に抵触すると考えられる．しかし，その一方で，「天地を創造し」(『コーラン』7-54 ほか)，「人間を創った神」(同 76-2)，この人間から隔絶した神が，「汝の首の血管よりも近くにおわします」(同 50-16) のである．

そもそも，ムハンマドが神の啓示を受けたその行為そのものが，ヒラーの洞窟における禁欲修行の最中であったことを考えれば，そしてムハンマドの言行（スンナ）が，ムスリムの模範として認識されるのであれば，スーフィーの如き主張は，否定されるものではない．

『コーラン』も「これ，すっぽりと衣ひっかぶったそこな者，夜は起きて（勤行に勤めよ）僅かの時間を除いて，（あとは）ずっとクルアーンをゆるやかに読誦しておれ．まこと夜間の勤行は，その歩みまことに強く……．主の御名を唱え，ただひたすらお仕え申せ．」(同 73・1-8) と述べており，夜間の一心不乱の神の念想や，神の御名の読誦をムスリムの行として「さあ，クルアーンを読みなさい．無理にならぬ程度でいいから」(同 20-1) と『コーラン』の読誦を課している．これなどは，スーフィーのジグルの基本ということができよう．

このように，スーフィーの起源は，ムハンマド自身に求めることが可能で

ある．そこで，イスラーム神秘主義思想の根源ともいえるムハンマドについて簡単に整理してみよう．

(3) スーフィーの祖としてのムハンマドの人生

　イスラームの開教者ムハンマドは，中継貿易で栄えていたメッカの豪族クライッシュ族の一員として西暦570年頃生まれた．しかし，彼が生まれる前に父親のアブドッラーは亡くなり，ムハンマドは父権制の色濃い部族社会において，決定的に不利な条件下に生を享けた．

　もっとも，メッカの有力者であった祖父ムッタリブの庇護のもと，その幼少期はひとまず平穏であったが6歳の時に母と死別し，孤児となった．その後，頼りの祖父ムッタリブもその2年後に亡くなり，彼はほとんど天涯孤独の身となった．そして彼は，アラブの習慣に従い伯父アブー・タリーブの庇護のもとに入る．彼はそこで孤児として，決して恵まれたとはいえない鬱屈した青春時代を送ったと思われる．

　けれども転機が訪れた．彼の誠実さを聞き知った女性実業家のハデージャからの求婚である．彼女はムハンマドより15歳年上の40歳であった．そして，この結婚によってムハンマドは，資産と精神的安定と，家庭の温かみを初めて味わったようである．また，教育を受ける機会を逸した彼が，キリスト教などの教養を身に付ける切っ掛けとなったのもこのハデージャとの結婚であった，といわれる．

　結婚によって安定した生活を得たムハンマドは，40歳頃から，祖父がそうしたように，当時の習慣に従って，メッカ近郊の人里はなれたヒーラの洞窟で，瞑想や祈禱を行うようになった．

　この洞窟は，天井が高く，また中にベッドを置くこともできるほどの広さであった．ムハンマドは，この洞窟にラマダン月の一月間籠もり懺悔や改悛，そして断食を行い，瞑想や祈禱に専念することを数年来の行としていた，とされる．そして運命610年のラマダン月カディールの夜，彼に神（厳密には，アッラーはその尊称）からの啓示が下る．その啓示については，幾つ

かの説があるが一般には，

> 誦め，「創造主なる主の御名において．
> いとも小さい凝血から人間を創りなし給う．」
> 誦め，「汝の主はこよなく有難いお方．筆もつすべを教え給う」と．
> はてさて人間は不遜なもの，己ひとりで他には要らぬと思い込む．旅路の果ては主のみもと，とは知らないか．（『コーラン』96-1-8）

あるいは，

> これ，外衣にすっぽりくるまったそこな者（ムハンマドは最初啓示が下りそうになると，恐れて外衣を頭からかぶったという），さ，起きて警告せい．己が主はこれを讃えまつれ．己が衣はこれを浄めよ．穢れはこれをさけよ．褒美ほしさ親切にするな．（辛いことでも）主の御為に堪え忍べ．いよいよ喇叭が吹き鳴らされる時，まこと，その日は苦しい日，信仰のない人々にはなみ大抵の日ではない．（『コーラン』74-1-10）

だとされる．

これらの啓示が下された初期のムハンマドの姿は，ひたすら神を念ずる後代のスーフィーの原型ともいえる敬虔さ，直向さに満ち溢れている．ムハンマドはアッラーからの直接の啓示を受けたと当時は，信じていたらしく預言者として神の命令（啓示）の伝達（普及）に全身全霊を捧げたのである．

ところが，周知のようにその宣教は，苦難の道であった．彼は保守派層から激しい弾圧を加えられることとなったからである．しかし，いかなる苦難にも，神を忘れず，神の心を人々に伝える．この一途な使命感，宗教心こそがムハンマドを支え，そして彼に続くスーフィーたちの基本であった．

もちろん，預言者とスーフィーとでは，イスラーム教における神学的な位置づけは，大きく異なる．しかし，スーフィーの基本は，ムハンマドは当然，

最後（カティム）の預言者とは認めるが，彼ら自身も小規模ながらムハンマド同様に，神あるいは天使からの霊感を得ている，と考えていた．

このゆえにスーフィーは，イスラーム世界にとっていわば諸刃の剣的存在ともなる．つまり，最後の預言者としてのムハンマド亡き後，人々は神（アッラー）の意志を直接聞く手段を失った，とイスラームでは規定する．なぜならムハンマドはそれまで人間世界に使わされた幾多の預言者[10]の封印（khātam al-nabī），つまり彼以後，人間には神の意志を伝える預言者は現れない，言葉をかえれば人間は神（アッラー）の意思を知るすべを失ったとするのである．ゆえに，ムハンマドを預言者の封印，すなわち最後の預言者と呼ぶのである．

この教えは，イスラーム教におけるムハンマドの地位やその啓示を絶対なもの，不動，不変のものとするには，都合が良かった．が，しかし，その一方で宗教的には，その教えの硬直化，形骸化，形式化，そして教団の保守化，堕落を生むこととなった[11]．

つまり，イスラームの正統思想には，ムスリムの宗教心を常に活性化させるような神と直結しているという意識が，内面の部分で再確認できない構造となってしまったのである．これでは宗教としては，硬直化せざるをえない．そこで，人々は部分的ではあっても神の言葉，神の意志を何らかの方法で知ることを望んだのである．

この二律背反的な要求の解決，つまり宗教が常にその生命力を維持するためには不可欠な宗教的エネルギーの再生手段の模索は，スーフィーと呼ばれるイスラーム神秘主義者の出現によって具体化された．

(4) スーフィズムとムハンマド

スーフィーたちは，一般の信徒以上にムハンマドその人の宗教的行いに，自らをオーバーラップさせる．つまり，多くの苦難に堪え忍びアッラーの道に邁進したムハンマド，神を恐れ，身を慎みひたすら神にわが身を捧げたムハンマド，その人の生き方そのものへ自らを投影する．

つまり，一般のムスリムが定められた戒律に従って行動するとすれば，スーフィーは一歩進んで，ムハンマドの生き方そのものに焦点を定める．ゆえにスーフィーの口から出る言葉には，部分的にしろ神であるアッラーの言葉が含まれる可能性がある．これを最も象徴的に表し後述するアル・ハラージュ（略 857-925）の「Ana 'I-Haqq（アナル・ハック：我は真実なり．あるいは我は神なり）」という言葉であろう[12]．

一般にアッラーは，宇宙や自然，そして人間を創造した神として，人間から超絶，隔絶しているとされるが，その一方で神がお創りになった世界，もちろん人間も「神を内在するもの」という認識も可能となる．ここにムハンマドに端を発するスーフィーの神学的な可能性が生まれる．したがって，ムスリムは，この神への絶対服従を旨とするが，その一方でアッラーは「我らは人間を創造した者．……我らは人間各自の首の血管よりも近い」（『コーラン』50-15）あるいは，「アッラーは人間とその間にも介在し給うと心得よ」（同 8-2）とされ，常に人の内，あるいは「アッラーが信者の側についていて下さる」（同 8-19）という啓示も同時に示されている，というわけである．

いずれにしても，奇跡としての啓示を授かったムハンマドの存在は，超日常的な体験，啓示によって支えられている．そして，正統神学ではこれをムハンマドのみに認めるが，スーフィーたちは自らにもその可能性，もちろんごく一部であるが，彼らが神へのなんらかの接近ができる可能性を認めているのである．

ここにスーフィーの宗教的な意味がある．つまりスーフィーは，硬直しがちな律法主義的なイスラーム思想に，新鮮な宗教的情熱を吹き込む役割を果たすのである．しかし，その一方で小型ムハンマド的存在となり，既存のイスラーム教団を根底から脅かす宗教運動を引き起こすエネルギーを持ち，しばしばこれが政治運動に利用され，イスラーム政治世界をダイナミックに変貌させる原動力にもなった．

いずれにしても，正統イスラームとスーフィーという二つの流れが，イスラーム教世界に存在し，両者の存在があい合わさって，イスラーム教の歴史

を形成してきたのである．そして，その原型はムハンマドに求めることができるのである．さらに付け加えるならば，スーフィズムにも大きく二つの地域的な特徴がある．ひとつは西アジアから西が主流のスーフィズムであり，今一方は本小論で扱う東部，つまり中央アジアから南アジア，東南アジアに広がるスーフィズムである．そしてこの東方のスーフィズムこそ従来あまり注目されてこなかったが，次の二つの意味で大きな意義をもつ．第一に南・東南アジアへのイスラームの拡大の原動力となったこと．その中には，仏教徒のイスラームへの改宗という大きな事実が含まれている．第二に，その思想に，非イスラームとの共生の思想が展開されていること．そしてこの点が，21世紀におけるイスラームの非イスラームへの平和的拡大におけるキー概念となる点である．ただし，その意義に多くのイスラーム・非イスラームは気づいていないようである．これらの点は重要であるが，今回は残念だが指摘のみに止める．

2. スーフィズムの起源

(1) ムハンマド以前のアラビアにおける神秘主義思想

　ムハンマドが生まれたメッカは，東西貿易の中継地点として栄えたオアシス都市であったが，その歴史さほど古いものではなく，また中継貿易都市ではあったが文明と呼べるほどの大規模な文化活動を支えるほどの人口も規模もなかった．後に，イランの人々がイスラームの改宗した時「神はなぜ預言者を，メッカに差し遣わされたのか」と嘆いたとされるのも，このような理由である．もちろん，メッカはその周辺の遊牧民の間では古くから聖地として有名であった．つまり，そこには「ザムザムの泉」と呼ばれる泉があり，古くからオアシスとして商隊の立ちより所，そして聖地とみなされていた．したがって，メッカには多くの部族が，それぞれに自らの神々を祭っていた．

　そして，砂漠と荒野の地アラビアにおいては，さまざまな信仰が混在して

いたが，その中に原始的な神懸り信仰があった．一般にイスラーム化する以前のこの時代をジャヒリーヤ（無道あるいは無明時代）と呼ぶ．この時代のアラビアでは，太陽崇拝，樹木崇拝，精霊崇拝など多くの宗教形態が存在した．

しかも，一般にこの時代の神々は，ジン（妖霊）と呼ばれ人間に憑依すると考えられた神的存在と区別が曖昧なほどの存在であった．したがって，人々は神々をイスラーム教の如く絶対者とはみなさなかった．また，各部族はそれぞれにトーテム神を持ちそれぞれ神像などで表され，それがメッカのカーバ神殿に安置されたのである．後に，ムハンマドが破壊したのは，これらである．

これらの神々，たとえばアル＝ウッザ女神は，イスラーム化する以前メッカのクライッシュ族が信仰した女神であったし，アル＝ラート女神やマナー女神は，大いに信仰されていた．これらの神々は，しばしば人間と交霊する神であり，人々はこれらの神を礼賛する賛歌として，詩を尊んだ．

とくに，格調高い詩には霊性が宿ると考えられ尊重された．『コーラン』の章句のすばらしさが，神の啓示の印，つまり人知の及ばない完璧な詩句と説明されるのも，このあたりの伝統による，とされる[13]．

いずれにしても，厳しいアラビアの大地で暮らす遊牧民，あるいは商隊による通商に活路を見出すアラブ人にとって神の存在は不可欠であるが，しかし，ムハンマドの出現まで，彼らの内には素朴な，雑多な信仰が混在していた．

だからこそ，ジャヒリーヤ時代の信仰のさなかにあったムハンマド自身，最初期の啓示が降ったとき，このジンの神懸りではないかと自ら疑った，という伝説が残っている．

このジンや神々の存在は，ムハンマドによってイスラーム世界から排除されてゆくが，しかし，神々や神的存在（ジン）と人間との関係の近さというアラブ人の伝統が，後にスーフィー思想の発展などに，少なからぬ寄与をしたことは十分考えられる．

しかし，一般にはスーフィーの基盤は，前出のムハンマドの存在とイス

ラーム以前に中近東を中心として広く行われていたキリスト教の神秘主義，グノーシス主義，さらには深プラトン主義，さらにはペルシャのゾロアスター教，そしてインドの仏教，ヴェーダンタ哲学などが少なからぬ影響を与えたとされる[14]．

　いわば，スーフィー思想の展開には，これら世界中の思想・宗教が流れ込んでいた中近東の状況が存在した．これをインド・イスラームに関していえば，後に検討する，中央アジアの特殊な文明背景があった．

(2) スーフィズムとマニ教

　イスラーム神秘主義の起源は，前述のように第一義的には，ムハンマドの宗教体験そのものに，起源を求めることができるが，しかし，ムハンマドは，文字の読み書きができなかったといわれるように思想的に深い知識，とくに思想構成に重要な論理性は持ち合わせていなかったと思われる．それは，彼が預言者，つまり神の言葉の伝達者という位置づけを考えれば，不要なものであった．

　もちろん，だからといってムハンマドに宗教に対する知識がなかったわけではない．彼は，若い時から叔父に連れられてキリスト教徒やゾロアスター教徒のいるシリアなどに出かけており，それらの宗教への伝聞知識はかなり持っていた，とされる．また，彼の妻ハデージャの従兄弟のワラカはキリスト教徒であり，ムハンマドに大きな影響を与えたという．

　周知のようにキリスト教には，当初より禁欲主義的な傾向があり，それに付随して神秘主義を受け入れやすい土壌があった．つまり，キリストの生き方には，本人の資質を問題としない典型的な啓示宗教であるユダヤ教とは異なり，修行による悟りを基本とする仏教などとの類似する体験，たとえばキリストには40日間荒野を彷徨し自己を見つめた，とされる行為などがある[15]．また，当時の近東地域には，ゾロアスター教，マニ教は，仏教やインド宗教の影響が濃いとされる新プラトン主義など，いわゆる神秘主義思想を展開する諸宗教，学派が，大きな勢力を持っていた[16]．

また，キリスト教は，これらの思想運動を吸収し，グノーシス派のような神秘主義的傾向の強い集団も生み出した．たとえば，現在のキリスト教の主流をなす三位一体の思想構造は，アウグスティヌスによって提唱されたとされるが，彼は19歳頃までマニ教徒として成長したのである．しかし，このマニ教に関して，深い研究はまだまだこれからであり，その思想構造の影響関係ははっきりとはしない．しかし，一般的に考えれば，アウグスティヌスの思想形成は，マニ教の持つ思想構造が基礎であったということは動かしがたいといわれるが，この三位一体の思想構造は，実は，マニ教の創始者より200年ほど早く中央アジアで隆盛した大乗仏教の「空の思想」との関連が指摘できると筆者は考える．

　というのも「空」の思想は，後に，マニ（216-276）と略同時代の仏教思想家である竜樹（2世紀頃）によって書かれた不朽の名著，大乗の根本経典とされる『中論』にまとめられたのであるが，この思想とマニの思想，そしてキリスト教の三位一体説の持つ既存の思想の超越の論理に共通性が見出せるように思われるからである．というのも，竜樹はともかく大乗仏教の思想，発展を支えた学者の多くは，中央アジアや西北インドで活躍した人々であり，またマニにしても，その初期の活躍の場は，中央アジアであった．彼らは日常的に根源的に異なる諸文化・文明との交流に接しており，それらを統一するための思想構築にせまられていた．

　筆者は，彼らの背後にある中央アジアに特徴的なこの宗教の融合と統一的解釈による再編成の思想的メカニズムが，これらの改革的宗教，あるいは新しい宗教の発展に大きくかかわったのではないか，と考えている[17]．

　試みに，「空」思想の特徴である「八不中道」と「三位一体」の思想構造を比較してみると，八不とは，あらゆる存在は実体がなく，それゆえに絶対的な存在はない．しかし，では何もないのか，といえばそうではなく中道と称するいずれにも偏らない中心が，絶対性を否定された個々の存在を基礎として生み出される．つまり，世界は，唯一絶対の原理や存在（非人格的一者）に支えられたものにほかならないが，しかし，その一者はそれらの多くに支

えられて存在するという発想である．この理論が成立すれば，ゾロアスター教，仏教，キリスト教あるいはユダヤ教という三つの異なる宗教を融合一体化することをめざしたマニの思想は成立可能である．

　一方，キリスト教の三位一体説とは，一般には神と子と精霊とされるが，古代において3は，単なる数詞の3のみならず象徴的に多数を現すことがあった．つまり，ギリシャ語やサンスクリット語では，単数，両数，複数とあり，3以上が複数であり，現在のように2以上を複数とするものではない発想があった．ゆえに，単数，両（双）数，多数が，実はひとつである，という風に考えれば，まさに三位一体説とは，「たくさんの存在が，ひとつに収斂する．と同時に，一者が多数に分割し，なおかつ統一的に存在する」というようにも解釈できる．この理論に整合性を持たせるには，個々の事例の絶対性の否定的超越が不可欠であると同時に，唯一の統一性が生み出されるという排中律を越える絶対性を前提とする理論が不可欠である．これは，インド思想では「梵我一如」の発想や仏教の「一即多，多即一」の思想に通底する既存の概念の一種の弁証法的超越と総合の思想運動といえるのではないか，と筆者は考えている．

　ともあれ，20歳直前までマニ教で育ったアウグスティヌスであれば，三位一体という発想は，十分出てくるし，またキリスト教同様に，あるいはそれ以上に地中海全体に広まったマニ教に親しんだ人々には，このような考えは違和感はなかったはずである．ここにも中央アジアの普遍思想との関係を見出すことはできるであろう[18]．

　ただし，次項で紹介するグノーシスとの関係は，今後の課題である．

(3)　ゾロアスター教とグノーシス

　ゾロアスター教については，ゾロアスター（紀元前650年頃-580年頃あるいは前12世紀の生まれとする）によって開かれた二元論の宗教で，鳥葬を行うことで日本でも知られるが，その思想や世界思想やその文化，さらには宗教に与えた影響の大きさを理解するまでには至っていない．しかし，ゾロアス

ター教の存在は，思想，宗教研究においてはきわめて重要である．

とくに，ゾロアスター教の善と悪の対立抗争によって世界が成り立っているとする二元論的世界観や審判思想，そして終末論は，ユダヤ教，キリスト教や仏教とくに大乗仏教の思想形成，そしてイスラーム教に大きな影響を与えた．また，善神アフラ・マズダー（叡智の主）への帰依そして，それにともなう善なる行いは，善なる神が，悪神（アングラ・マインユ）と戦うための糧となる，と考える．つまり，人間は常に神とその行為によってつながっていると考えられていた．ゆえに，人間は，善を為すもの，すなわち道徳的・倫理的でなければならない，と教えた．

このゆえに，ゾロアスター教は倫理宗教（仏教・キリスト教・イスラーム教など）の源ともいわれる．というのも実質的な人類最初の帝国といえるアケメネス・ペルシャの国教として，東はインダス河流域から西はギリシャ国境地域（現在のトルコ）さらにエジプトという広大な地域を支配する原理となり，それゆえにゾロアスター教は，世界各地に大きな影響を与えることとなった．と同時に，同帝国には，世界各地からさまざまな宗教や文化が流入し，高度な文化が生み出された[19]．

一般に，ゾロアスター教は宗教に寛容であり，各地の信仰を尊重した．それゆえに，アケメネス・ペルシャの領域においては，宗教的，文化的な折衷や融合が起きた．この傾向は，アレクサンダー以降のギリシャ人の帝国さらには，アルケサス朝（前3世紀-後2世紀）にかけても受け継がれていき，オリエント地域の精神伝統となっていた．一般にこの寛容な精神風土をヘレニズムと呼ぶ．

つまり，ヘレニズムとは，古代イランとギリシャの精神風土の融和の賜物ということであり，また同地域の伝統でもあった．というのも古代オリエントは，さまざまな民族が入り混じり，それぞれに固有の宗教を信奉し，多様な文化を形成してきた地域であったが，その中心がメソポタミアの伝統も合わせて持っていたペルシャ人とギリシャ人，そしてユダヤ人であった．ただし，ユダヤ人は，のちに正反対の方向に進んでゆく．つまり排他的思想構造

をもつユダヤ教である．このような多様な宗教や文化の共存や融和には，既存の価値観を超える新しい，そして創造的な思想や宗教解釈が不可欠である．その傾向の中から生まれた思想にグノーシスがある．

　このグノーシス主義は，紀元前後の地中海東部地域に発生し，2-3世紀頃から地中海世界から中近東にまで拡大した思想運動である．この運動は，従来キリスト教の枠内での運動と考えられていたが，現在では1945年に「ナグ・マハディ文書」の発見により，この運動が，キリスト教とは起源を異にするユダヤ教周辺から生まれたものである，という理解になっている．いずれにしても，このグノーシス運動の最も成功した例が，マニ教として知られる運動である．このグノーシスという名前はギリシャ語で「知覚(gnōsis)」を意味する言葉で，このギリシャ語のグノーシスの持つ意味が，そのままグノーシス主義運動特有の教義となっている．まずグノーシス運動では，宇宙も人間も神的・超越的本質と物質的・肉体的実体との二つの要素からなるとする，二元論をとる．しかも人間には，プネウマと呼ばれる神的実在が，部分的に存在するとする．そして，救済とはこの神的断片であるプネウマが集められて，神的存在に帰一することとされる．そして，そのためには自己の神的本質を知覚する必要がある，と教える[20]．つまり，グノーシスにおいては，人間には隠された知識つまりプネウマ（善，すなわち真の神から降りてきた聖霊・救済の源，仏教でいう仏性にあたる）があり，人間は修行によってこれを復活させることができると教えた．

　ここにマニ教が，ゾロアスター教，仏教（主に大乗仏教），そしてユダヤ教，あるいはキリスト教を融合，統一した宗教と呼ばれる所以がある．

　一方，これらより早くインド北部や中央アジアに，諸宗教融合思想を説く，大乗仏教が生まれた．この事実は，ヘレニズムやグノーシスという西方主体の価値観に，中央アジアの存在つまり，東方ペルシャからインドのガンダーラ，そして中国の西域一帯の思想運動との連続性を考察する必要を示している[21]．

　もちろん，現在ではほとんど知られていないいわゆるメソポタミア，つま

り現在のイラクやシリア近辺の思想や，エジプトの思想などとの関係も今後は考えねばならないであろう．

いずれにしても，グノーシス主義では，すべての人間は修行を通じて救済が得られるとするもので，マニ教は，この教えを世界中，とくに，修行による救いという発想の乏しい西方地域（主に地中海沿岸地域）に広めた宗教である．ただし，中近東のグノーシス主義は，遅くても7世紀にはキリスト教やゾロアスター教，さらには，これらを受け継いだイスラーム教の中に吸収され消滅したとされる．もっともこの流れがイスラームの神秘主義の原流となるのではないかと筆者は考えている．

(4) マニ教とイスラーム

マニ教では，世界は光と闇という対立する二つの原理からなるとする点では，ゾロアスター教的であるが，光は霊的であり，闇は物質的と位置づけ，ギリシャ思想の影響も色濃いとされる．しかし，基本的な構図は，グノーシス思想に一般的にみられるように，人間に内在する光の要素つまり善，救いの回復のために倫理的生活を行わなければならない，とする．マニはそのために五戒を定め，1日4-7回神への祈禱を行うことを一般信徒にも課した．また，厳しい菜食主義と断食の奨励を行った．これらは仏教やヒンドゥー教との共通性を髣髴させるが，このような禁欲主義思想は，マニがインド（インダス河流域とされる）を若い時に訪れたことと関係がある，とされる．マニ教ではこのように，人間の倫理的な行為，つまり光の要素の回復が，光の本質浄化に役立ち，世界が救われる結果として人間も救われると説く．

このマニ教は，中近東ではキリスト教と勢力を争い，やがてキリスト教やイスラーム教に吸収されてゆくが，それらの宗教への思想的，文化的影響は小さくなかった．しかし，同地域が他の宗教の痕跡を壊滅させる排他性の強いセム的宗教であることが影響しているのであろうが，遺跡や古文書などもほとんど散逸してしまっているようであり，その研究は遺跡の発掘，文献の収集など基礎的な調査レヴェルからなされねばならないようである．

このような複雑な宗教関係の中で，イスラーム教は生まれ，またスーフィズムも形成されたのである．

(5) スーフィズムにみられる東西の相違について

ところで，現代の西洋人研究者の研究では，イスラーム神秘家をスーフィーと呼ぶ．その名称の起こりとなった毛織の粗衣も，キリスト教の起源であるとされる．もちろん，それ以前にこのような風習があったことは，当然であろう．なぜなら，宗教者が毛皮や毛を纏うという習慣は世界各地にあり，むしろ古代信仰における呪術（類感呪術）を起点としていると考えるべきであろう[22]．

また，スーフィーがもっぱら行う沈黙や連禱（ズィグル），その他の禁欲的な修行も，ユダヤ教やキリスト教の神秘主義や禁欲主義の伝統を受け継いだとされるが，これもそれ同様である．とくに，中央アジアからインドでは，むしろインド的な伝統からの強い影響を考える必要があろう．

というのも，スーフィズムとくに，中央アジア以東のそれにはインド思想，とくに「梵我一如」（つまり究極的一者と個別存在の本質的同質性を主張する）ヴェーダンタ思想の影響を認めることは，決して難しいことではない．事実，インドの高名なスーフィー学者リズビーは，この点を強く主張する．イスラーム文明に多くのインド的な要素が取り入れられていること，その象徴がアラビア数字であるが，このことだけでも素直に考えれば，リズビーの指摘は肯定できるであろう．

事実イブン＝ハルドーン（1332-1406）は，「神はインドに哲学を御与えになった」[23]と表現しているほどに，その思想的な高さ，影響力を評価している．因みに，中国には技術力ということである．しかし，ここで，指摘したいことは，スーフィズムにも，地域性が当然認められることである．

つまり，民衆への布教や，民間信仰との接触の多かったスーフィーたちの宗教環境に起因するといっても過言ではないであろうが，主に西側，つまりシリアからスペインまでの地中海沿岸における地域，それらは同じセム的一

神教という土壌を持つライバル地域である．それゆえに，スーフィーたちも布教対象，あるいは信者たちに見合った言説となる．つまり，たとえば他宗教への寛容という視点でも，そもそも同一の神を仰ぐという前提を共有するセム族の宗教である，という前提が成立するために，ヒンドゥー教や仏教のような完全にカーフィル（多神教徒・不信心者）との共生とは異なる，ということである．このゆえに，筆者は，スーフィー運動をとりあえず東西に分けて考察する必要がある，と考えている．

いずれにしても，中央アジアからインド，さらには東南アジアにおけるイスラームを囲む環境は，まったく異なっていた．つまり，アッラーが，そしてムハンマドが忌み嫌った多神教徒，偶像崇拝の徒（ムシャラフ）たちである．それゆえに，彼らとの共生は，神学上最大の問題解決が不可欠であった[24]．

いずれにしても，西方圏のスーフィーと東方圏，ここでは中央アジアからインド，東南アジアへ伝播したスーフィーたちには，基本は同じであってもその言説には，かなりの違いがあったというべきであろう．この点は今後明らかにされるべきであるが，現時点では，その指摘にとどめておきたい．いずれにしても，12世紀以降インドへの影響力を増したスーフィズムは，主に中央アジア出身のスーフィーたちであり，彼らの先祖の多くが，仏教徒やゾロアスター教という多神教徒であったことは，彼らのイスラーム解釈に大きな影響があったと考える必要があると筆者は考える．ともあれ筆者は中東のスーフィーと中央アジアのスーフィーは，その言説にかなりの違いがあるのではないか，と考えている[25]．スーフィーの思想的な深まりに，11世紀初頭に偉大なる万能天才アル＝ビルーニー（973-1048）が，サンスクリット語から翻訳した『ヨーガ・スートラ』の存在が，無視しえないという指摘がしばしばなされる[26]．

しかし，スーフィズムの初期段階において，スーフィズムの思想形成に大きな影響を与えた人物として，アル・ハラージュ（ほぼ西暦857年-ほぼ同922年）の存在を忘れるわけにはいかない．とくに，インドへのイスラームの定

着に大きな影響力があったゆえに，以下で紹介するが，その前に中央アジアにおけるイスラーム侵攻直前から数世紀前後の当該地域の思想・宗教の状況について，概観しておきたい．

3. 中央アジアの仏教とスーフィズム

(1) 中央アジア文明という視点

　中央アジアは，日本人にも関心高い地域である．シルクロードを通じて，東西の文明が行き交ったロマンあふれる文明交流の大動脈である．この文明交流の歴史的ロマンに惹かれる日本人は少なくない．

　しかし，この地域を文明の大動脈と表現することは，ひとつの大きな要素を見失わせる，あるいはそれに気づかない視点によるものでもある．もちろん，中国と西洋地域の文明交流のための大動脈であったことは歴史的な事実であり，当該地域の世界史上に果たした大きな役割である．しかし，その一方で動脈という表現には問題があるように思われる．つまりこの認識には，東西の文明を伝えるための主要道路ではあるが，単なる通過点的な位置づけとなっていないか，ということである．

　現在のように，自動車やトラックなどで文物が運ばれる時代，さらには飛行機で一瞬にして行き来できる時代ならともかく，かつてのシルクロードは，厳しい道のりを数か月さらには数年をかけて行き来したのである．その間に，多くのオアシスを通過し，異国の商人や文物が，このオアシスで直接交わることがごく自然であったはずであるし，また，シルクロードには，巨大なオアシス（筆者はこれをメガオアシスと呼ぶことにしている）が，あった．たとえば有名なサマルカンドやブハラなどは紀元前後において，数十万の人口を誇る大都市であった（現在は，サマルカンド市街地約60万人，ブハラが約30万人）．これだけの住民が居住するメガオアシスにおいては，単なる人・物の通過点的なオアシスのイメージではとらえきれない文明融合の役割がある

のではないか，ということである．

　たとえば，ザラフシャン河の流域に位置するブハラとサマルカンドでは，400～500 キロメートルほどの距離があり，その途中にはいくつかのキャラバンサライが存在する．そのような地点には，水飲み場や宿場町的な場所が設けられていた．これらは確かに，従来のオアシス都市のイメージである中継地のイメージが当てはまる．しかし，サマルカンドやブハラ，あるいはタシケントなどのメガオアシスは，単なる通過点，休息所では終わらない．文明を輸合し，新しい文明の形を各地に発信する能力を持っていたと考えられる[27]．

　かつて，中央アジアからアフガニスタンを旅した梅棹忠夫は，東洋・西洋文明という従来の文明理解に対して，中洋文明という視点を提唱し，文明論に新しい視点を提供した．その結果，従来東洋と西洋という枠組みで人類文明を理解しようとする近代西欧中心の視点に対して，イスラーム文明の独立という視点を提供することとなった．この視点により文明論は，人類史的により正確な文明理解の視点を，獲得することができた．しかし，この中洋の理論には，まだ東西中心という世界史観，文明論に対する異議申し立て的なものであり，真にこの中洋と表現する地域を，文明学的に位置づけるまでには至っていないようである．また，現在はこの地域がイスラーム地域であるために，当該地域の研究は，主にイスラーム関係者が中心となり，人類文明におけるイスラームというような視点よりも，イスラーム中心に文明を論じるという自己中心的な発想で，他の文明との対比は今後の課題となっているように思われる．そのほか民族移動の視点から論じられるが，文明論的な視点はまだ十分開拓されてはいないようである．

(2)　中央アジアと文明のダイナミズム

　中央アジア地域の独自性を文明論的に評価しようとする視点は，未だに発展途上である．いずれにしても，さまざまな新しい論点がより良い文明理解のため，文明学構築のために不可欠であることは論を俟たないわけであり，

筆者の中央アジア文明の文明創生力を独立させる視点も，そのひとつの試みと位置づけている．

　というのも，従来の文明論では，まず四大文明がオリジナルな文明として中心に据えられる．そして，そのオリジナル文明の周辺に，これらの文明のいわば模倣型の小さな文明が生じているという構造となっている．これらを恒星と周辺の衛星に譬えるトインビーのモデルが最も基本的である．この理論は文明論の基本であるが，しかし，このモデルは静的な文明理解のモデルであり，四つの中心文明（恒星）同士の影響関係や，それらを取り巻く小文明（衛星）同士の影響関係については，あまり関心が払われていない．成立して日の浅い文明学においては致し方のない点であろう．この静的な文明の構造把握に対して動的な視点を導入し，互いの文明の影響に着目した，つまり文明間の動的な関係，ダイナミズムに注目し新たな文明理解のモデルを提示したのが，伊東俊太郎博士である．伊東博士は，文明の影響関係に着目する文明圏モデルを考案した[28]．

　筆者はいわば，このモデルを中央アジアに適用し，さらに中央アジアが単なる巨大な恒星文明間の交流の通過地点という評価から，より積極的に当該地域に流入してきた諸文明の融合，そしてその結果として生まれた諸文明が総合され，その結果新たに生成された融合型文明が，各地に広がっていったという文明の形態があると考えている．もちろん，それらは相互作用を持つのであり，またオリジナルの文明の部分的な接合，キメラ的な部分があるが，一方でそれが化学反応して，新たな化合物が生じるように，各文化・文明が当該地域で，濃厚に接し，影響し合い，新たな形を生み出した，という視点である．この時に，四大文明など恒星型文明の一部の要素を，元の要素から剥奪，あるいは剥離させて，他の要素と結びつけることが行われる．この作業が，中央アジアのような地域では，ごく自然になされると考えている．そして，それは，それぞれのオリジナル文明地域では，生み出すことが難しい，融合型文明の誕生であり，それは文明的革命というべきものである，と筆者は考えている．

そして，本章で検討する中央アジア，具体的には，トランスオクシアナからガンダーラ地域が，まさにこの総合と創生がなされた地域である．そして，この文明のいわば最初の精華ともいえるものが，大乗仏教であると，筆者は考えている．そしてその伝統上にスーフィズムがあると考えている．

(3) 文明交流のダイナミズムと大乗仏教文明

さて，思想研究では，文献や遺跡から，論理的推論により一定の結論を導き出すことができる．しかし現実社会では，合理性という直線的な理解が，可能とばかりとはなっていない．ある現象の形成には，幾つもの要因がさまざまな条件で融合し，徐々に文化や文明と呼ばれる現象の固定化がなされるのである．そのようなことは自明であるとの認識は，容易であるが，しかし，中央アジアに起こった複雑な文明融合現象を，より正確にとらえる，少なくとも重視するという視点は，従来の仏教学研究には，決して生かされているわけではない．というのも，このような文明融合の理論的背景は，比較文明学という新しい学問によって主張された視点であり，その成果は日本では伊東俊太郎博士に代表される新しい学問スタイルであるからである．

この比較的新しい学問形態である比較文明学は，未だ形成過程の学問であるが，その特徴は，原初還元主義的な発想よりむしろ，現象の相互連関性に重点が置かれるとともに，時間的，空間的世界認識において巨視的であり，また動的であるという点を特徴とする．この点が，従来の仏教学において主流の厳密な直接証拠ともいうべき文献を重視する仏教研究と異なるものである．

もちろん，従来の厳密な仏教学などの従来の当該地域の宗教研究（以下仏教を中心とする）の視点を否定するものではなく，むしろその成果の応用範囲を拡大するということになるであろう．細部の研究を積み重ねる仏教学を経済学の領域に譬えれば身近な領域のミクロ経済学がそれにあたるであろう．そして比較文明学は，一世界経済の動向をフィールドとするマクロ経済にあたろう．両者は対立するものではなく，領域や手法において相補的なの

である．さらにいえば，比較文明は，直接的な証拠の少ない領域において，他の地域や時代の同様な現象をもって比較検討しつつ対象を明らかにするいわば，直接証拠のない事件を間接証拠の積み上げによって，明らかにしようとするような視点を持つ．そのために方法論が重要となる．

いずれにしても，文化・文明の交流という動的な視点と政治経済文化などを総合的にとらえようとする体系的な視点を持つ比較文明論の視点は，大乗仏教のような，多様な文明を背景に生み出された宗教文明の考察には，有効な学問である，と筆者は考えている．

ところで，大乗仏教の位置づけという点になると，日本人はどうしても客観性にやや陰りが出るように思われる．そこで，比較宗教学的な立場から，客観的に大乗仏教という宗教を概観してみよう[29]．

いわゆる大乗仏教は，仏教の中の一分派と認識されている．つまり，小乗と彼らが蔑視する伝統仏教（これを上座部というが）に対して，大きな乗り物（大乗：マハー・ヤーナ）と称して，自らの言説，教理や戒律などの宗教性を正統とする，新興の仏教宗派である．それは，ちょうど1500年後に，カトリックに対して，生まれたプロテスタント運動と構造的にも，また言説についても，類似するところがある．

この大乗仏教の中で，とくに注目されるのが，一乗思想の救済論，菩薩思想と浄土思想を支える俗家主義であり，諸宗教共存をうたう華厳思想であり，それらを正当化するための「空」の思想である．それは，オリジナルの文明からもたらされた各要素を，もともとの文明から切り離すための，つまり文化剥離のための基礎作業であり，理論づけである．そして，空の理論によって切り離された要素は，新たな思想のもと，再構築されて，各地に広まってゆくというイメージである．

たとえば，大乗仏教の救済論（悟り論）において主張されているものが，従来のものとどれくらい異なるか，簡単に検討してみよう．

そもそもインド伝統仏教における悟りの構造は，自己の努力による救いという構造であった．これは長いインドの伝統の中で形成された修行論を前提

としている．しかし，大乗になると，この原則は半ば放棄される．つまり自己の努力は当然であるが，同時に他者の救済への関与が，強く主張されることとなる．これが回向ということであり，それは慈悲に支えられた行為である，となる．これがいわゆる菩薩思想である．この思想は人道的には実にすばらしい思想であるが，インド的にはインド思想の枠組みをある意味で否定するものである．それは，すべての行為の結果は自らに依り，自らに帰る．いわゆる因果応報の「業思想」である．ここには，一部たりとも，他者の関与はありえない．これが原始仏教の考えである．しかし，大乗仏教は，他者救済を前提に菩薩に新しい概念を付与し，この枠組みを越えたのである．これが『法華経』や『浄土経』などが説く新しい菩薩思想である．まさに，文化剥離と創生がここでなされたのである．

そして，大乗仏教の菩薩思想においては，修行者としての従来の菩薩，つまり伝統仏教におけるブッダの悟り前の姿を指す菩薩が，実は悟りを完成しつつも，すべての信者を救いに導き終わらぬうちは成仏（悟りを完成状態）に入らないという，不思議な理論で，伝統的仏教の救済論である修行論と西方的救済論である神的存在あるいは他者による救いの対立を乗り越えようとしたのである．そして，その典型が観音菩薩である．さらには浄土教の阿弥陀仏や後に密教へと進む毘盧遮那仏，大日如来などである[30]．

いずれにしても，これらには，思想的に大きな飛躍があり，明らかにインド文明を基礎としてきた上座部仏教の発想とは異なるものがある．このように考えれば，菩薩思想を形成した背景が，インドのみならずペルシャや中近東の諸文明，宗教の要素の融合である，ということが自然に受け止められるのではないだろうか？

これらの大乗仏教の仏たちの出現は，まさに融合と超越の成果ということができるであろう．そのために，個々の文明や宗教から離れ，また新たな統合がなされたのだと，筆者は考える．いずれにしても，前述の「空」の思想，そして新たな救済思想を支える慈悲や回向という従来インドではほとんど意識されてこなかった思想が生み出されたのではないか，と筆者は考え

る[31]．

試みに浄土教の思想の出現に関して，以下において，簡単に検討してみよう．

(4) 宗教融合創成運動としての浄土教

周知のように，浄土教が属する大乗仏教は，仏教の開祖ゴータマ・シッダルタ（釈尊，釈迦牟尼．以下では原則ブッダと表記する）の開いた仏教の延長線上にありながら，その伝統的な信仰形態の革新をめざした新宗教運動であった．しかも，大乗仏教と一般に呼ばれるこの仏教の革新・改革運動は，多様であり，大乗仏教とはいわば浄土教を含めた諸運動の総称であることになる[32]．

つまり，我々が大乗仏教と一律に呼ぶ多様な運動のひとつの結果が，浄土教であろうと思われる．おそらく歴史的には，さまざまな文化・文明を背景に持つ，人々の豊かな（雑多な）宗教運動の結果生まれた多様な信仰形態を，総称して大乗仏教運動と呼ぶようになった，ということであろう．

いずれにしても，中央アジアのメガオアシスでの文明融合現象の結果として，いくつもの異質な宗教が，ひとつに重なり合った信仰形態により生まれたのが，浄土信仰であったということになるのではないだろうか．それゆえに，その主尊においてもその呼称に多様性があることになっているのかもしれない．

つまり，アミターバ（Amitābha）やアミタユス（Amitāyus）などがそれである．一般には，阿弥陀仏は唯一で，それをいくつにも呼び表すというように考えるが，これは歴史の河口から見たものではないだろうか．つまり，大きな河は，河口では一本の河となるが，もともとはたくさんの川や小川の集合体であるように，阿弥陀信仰も多様な流れの思想や，宗教運動を併呑して，ひとつの信仰形態に成長した運動であったと考えることである．するといくつもの類似した名称は，本来は別々の名で呼ばれた仏のことであり，それが統合されて主な名前が決まり，従来の名は，別名としてそのまま温存された

ということになる．つまり，本流の名が前面に出るが，支流の名前もそのまま残ったというわけである．

　このように考えれば，阿弥陀仏の名称の起源もそれぞれのものが実際に存在したものであり，それが統合されてひとつになったと考えられよう．また，逆に，ひとつになった阿弥陀仏の名称を取り入れて，土着化させて別の名称を生み出すという逆の現象も当然存在したであろう．それが長い歴史と複雑な文明交流の中で入り混じった結果が現在の浄土教である，ということになろう．それは中国，日本においても刻々と変化した宗教としての浄土教を見れば，想像がつくことである．

　いずれにしても現在大乗仏教研究一起源の問題においてネックとなっている主仏の名称などの問題は，他の宗教との比較を行うことで，直接的な検証以外にも研究できるように思われる[33]．

　つまり，浄土教という大河の流れの多様な源流や，その総合体としての我々が知る浄土教の成立については，時代と地域を固定的に限定し検討するのみならず，それらが混ざり合い独自の姿に変貌するという動的なものをも視野に入れねばならないであろう．

　つまり，従来の研究のように多様な要素を固定化し，固有の源流を探すという視点のみならず，思想や文化の化学変化を肯定的にとらえることも必要であろうということである．

　いずれにしても，浄土教のような西北インドから中央アジアのメガオアシスとして生まれた宗教思想や運動には，その発生において，西北インド特有の多様性があり，またその浄土教が発展したバクトリアやトランスオクシアナの文化について考察する必要がある，ということである．なぜならこの地を経由し，浄土教はじめ大乗仏教の多くの教えが，東ユーラシアに伝播していったのであるから．

　従来の研究は，浄土教の起源をインドかその他（ペルシャ）などと各要素を独立変数のようにとらえて，どちらかに帰趨させようとする傾向があり，その手段として，言語学や文献学，あるいは考古学などの成果を中心に説が

展開された．そのために，インド派と非インド派起源が並立し，対抗関係にありそれぞれの陣営が納得する解釈が生まれ難かった．

しかし，事実として浄土教思想は，西北インドから中央アジアにおいて少なくとも，成長し，東アジアへ東漸していったのである．そしてわずかにインド内地へも広がっていったのである．ゆえに，浄土教という新仏教運動は，西北インドから中央アジア，いわゆるガンダーラ地域からバクトリア，トランスオクシアナの民族やその文化，というより文明の産物なのである．ゆえに彼らの文明的な背景を考慮してゆくことが不可欠である．

いずれにしても，浄土信仰の主仏である阿弥陀仏の語源は，浄土思想の権威であり，高名な文献学者の藤田博士の研究に明らかなように，一定しておらず，したがって，阿弥陀仏という言葉を中心に検討した時には，その信仰の源流を明らかにすることは，前述のとおり語源の定義により，その語源もインド文献，あるいはイラン，西方諸語と別れていく．そして，その決定は難しいということになる．いずれにしても，このような学問的な膠着状況は，方法論を変えることで乗り越えることができると思われる．なぜなら，阿弥陀仏もそれを中心に形成される浄土信仰も，現実に中央アジアから中国，日本と東漸してきたのであり，事実として存在しているからである．その歴史をより的確に説明できる方法を探すことで，仏教理解を深めることが，学問の最終的な目的だと筆者は考えるからである．

その意味で，浄土教という大乗仏教の一宗教運動を，その内側からのみ検討するのではなく，大乗仏教とほぼ同じ地域で大きな宗教運動となった，イスラーム神秘主義運動の中のチシュチー派とやや地域は東にずれるが，大乗仏教が隆盛したガンダーラに近接するパンジャブ地方に，15世紀末に生まれたシク教との比較研究は，同地域が持つ文化的，さらには文明的基礎を共有する教大宗教として，その比較研究は，意味のあることであろうし，その成果を逆に個々の宗教の研究にフィールドバックすることもまた，研究や理解の助けになるはずである[34]．

いずれにしても，これらの宗教運動は，自然環境や民族というあまり変化

しない要因を共有しつつ仏教，イスラーム，そしてシク教という宗教運動の展開がなされたからである．

　この三つの宗教運動を比較することで，浄土教の発生あるいは形成に関する同地域特有の事情を推測できるのではないかと，筆者は考える次第である．

　以上が大乗仏教の発生に関する中央アジア文明，とくに浄土教思想の発生およびその展開を鳥瞰したものである．このように，中央アジアでは諸文明が融合し合い，新しい文明の形を生み出すという現象が見出せた．そして，同様の運動が，今度はイスラームを中心に行われたのではないか，というのが次のスーフィー思想の検討である．

4. スーフィズムの展開

(1) 初期スーフィズムと中央アジア

　最初期のスーフィーのインド進出については不明な点が多いが，イスラーム神秘主義者の一人であるハラージュ (857-922) は，インドとスーフィズムを結ぶ重要な存在である．9世紀から10世紀頃のスーフィズムは，まだ思想的には未確定の状態であったが，ハラージュはそのスーフィズム思想の形成に大きな役割を果たした[35]．彼は，ペルシャ各地を巡礼した後に，897-902年にかけて，西部インドや中央アジアなど，ヒンドゥー教徒や仏教徒の優勢地域を巡錫し，思想的に大きな影響を受けたとされる．とくにハラージュは有名な「Ana 'l-Haqq (我は真実なり．あるいは我は神なり)」という言葉を発し，初期のイスラーム世界のみならず，イスラーム思想に計り知れない衝撃を与えた．当時のイスラーム聖者たちは，その言葉のあまりに大胆なことに驚き，撤回せねば，命を奪うと迫ったが，頑として自らの説を曲げず，ついには死刑となり，さらにその遺体は灰になるまで徹底的に焼き尽くされたのである．一般にイスラーム世界では，いかなる罪人も生命を奪われたの

ちは神の裁きを待つべく，その後は所定の作法で葬られるのであるが，しかし，ハラージュの思想は，神の裁きを待つまでもなく，地獄の業火に焼かれる刑を受けたのである．

　一般に，ハラージュがこのような思想に行き着いた背景には，グノーシスの影響があるといわれるが，同時にインド思想，つまり「梵我一如」を説くウパニシャットもしくは，修行により仏になるという仏教思想などの影響があったと考えられている．とくに，彼が逗留した西インドのムルタンや，仏教などが盛んであった中央アジアの諸都市において受けた思想的な影響は，注目されていいのではないだろうか．なぜなら，グノーシスの影響を受けたスーフィーは，彼以後も多々いるが，彼のようにイスラームの宗教タブーを乗り越えてしまったものは，知られていない．やはり，彼がインド的な思想の支配する地域を訪れ，宗教的な影響を受けたということがその理由であろうということは，無理のない推論であろう．

　いずれにしても，スーフィズム思想の形成には，その初期段階でインドや中央アジアの融合思想がかかわっていたのである．そして，そのゆえであろうか，スーフィズムが中央アジアで盛んとなり，さらにその後の，インドへのイスラームの定着に，スーフィー聖者たちが大きく貢献できたのは，彼らの言説や行動がインド古来の宗教思想と共通する点があり，インドの民衆たちがイスラームの教説を受け入れやすかったからであろう，と思われる．

　もっとも，このような神人合一思想を展開した彼は，イスラームの正統派から糾弾され絞首刑となり，その死体はイスラームでは異例中の異例である火葬，というより罪の深さを確定するために焼き捨てられた．

　しかし，彼の思想は確実にスーフィーに受け継がれ，とくにインドにおいて，インドのイスラーム化に大きな貢献をした．彼の思想は後に紹介する，アクバル帝のムガル宮廷において受け入れられ隆盛した[36]．

(2) スーフィズムの思想のメカニズム

　スーフィズムの発生並びに発展には，さまざまな歴史的要素が関係してい

る．しかし，その基本にはムハンマドの啓示体験，つまり神との霊的直接交流というイスラーム教の根源，というより多くの宗教に見出せる人間精神の深み，霊的なものへの希求という普遍的な思いを根源としている．ゆえに，スーフィズムがイスラーム教においてしばしば異端的な位置づけによって弾圧されることはあっても，その存在が人々の信仰から消え去ることがなかったのもこのためであろう．

だからこそスーフィーは，世界の至るところに類似の思想を見出したし，またイスラームの正統思想が形式化し，社会的に硬直化したとき，これをあふれんばかりの情熱と宗教的な使命感によって改めようと，イスラーム信仰回復運動，さらには社会改革運動の中心となることもあった．

それゆえにスーフィーの存在は，伝統的，保守的さらにはいわゆる正統神学的立場と対立する．というのもそれらは，往々にして教条主義的で，字義の表面的な解釈に拘泥する立場であるのに対して，スーフィーは自由で奔放な言動にその思想が象徴的に表現されるために，しばしば保守派と対立する[37]．

スーフィーは，自己の束縛を越え，根源的で超越的一者，つまりイスラームでいえばアッラーとの合一体験からイスラームを再解釈できるという超理性（ここでの理性は，言語化され固定化した知識）の立場である．

ゆえに，固定的にスーフィズムの思想を定義することは難しい．しかし，スーフィズムの特徴は，禁欲や神への衷心よりの祈りといった一種の修行（これをターリカ：道と呼ぶ）を強調することである．もちろん，このターリカ（道）も多様であり，融通無礙であるが，究極的にはすべて神との合一をめざしたもの，という点で禅の精神に通じている．つまり，スーフィーのアッラーを仏や法に置き代えれば禅宗の修行と同一の構造を持つ．つまり，禅において「悟りである山の頂上はひとつであるが，そこに至る道は無数にある」と表現される精神に通底する思想である[38]．

(3) スーフィーのたどる合一（悟り）の階梯

著名なスーフィズムの研究者A.ニコルソンはその著書『The Mystics of

Islam』（中村雄二郎訳『イスラムの神秘主義』）においてスーフィーを「自分自身を旅人（サーリク）と称し，実在との合一という終着地点への『道』にそって，ゆっくりと『階梯』を前進する。」[39]と位置づけ，そのスーフィズムの特徴についてニコルソンは，現存するスーフィズムのおそらく最古の包括的な論考とされる著名なスーフィーであるアブー＝ナスル・サッラージュ（988没）の『閃光の書』を検討し，次のようにスーフィーを説明する．

ニコルソンによると，同書においては精神的な修行の「階梯」を7段階で示す．その7段階とは，改悛，禁欲，放棄，清貧，忍耐，神への信頼，満足である．これらは，修行，つまり人間の主体的な努力によってなしえるものである．

しかし，その一方で，人間の努力では，どうにもならない神の御心に拠って特別に得られるとされる「心的状態」（アハール）をも体験しなければ，真のスーフィーの悟りともいうべき，神との合一は得られないとする．

つまり，スーフィー思想においては，その究極的な目的である合一体験は，自らの努力である「階梯」と，神からの恩寵ともいうべき「心的状態」との双方の体験の上に成り立つとする．スーフィーがこの二つの要素をスーフィーの悟り体験（ファナー）獲得の条件としたことは，イスラーム正統神学との融和の結果ともいえる．というのも，イスラームのように天啓宗教においては，神と人間との距離は隔絶しており，人間の努力によって神に近づくというようなことは不可能とされる．それゆえに，神からの啓示，つまり一方的な命令（預言）が，神の慈悲心の表れが不可欠となる．その時に，神の命令を人間に伝えるのが，預言者ということである．

したがって預言者は，神から選ばれた存在であり，人間の努力によってなれるものではない，のである．しかし，そうするとイスラームのように，ムハンマドを最後の預言者（カアッテマ）とすると，神との交流は永遠に絶たれることとなる．しかし，それでは宗教的な情熱は枯渇し，宗教のエネルギーは衰退する．そのような矛盾を解決するために，スーフィーたちが考え出したレトリックが，この神の恩寵ともいえる「心的状態」と人間の努力で

ある「階梯」というわけである．

つまり，この両者が完璧にそろった者はムハンマド以外にはないが，しかし，スーフィーたちは，不完全であっても神の恩寵を得たものは，啓示に順ずるメッセージを得られる．つまり，スーフィーの道の完成は人間の努力を通じて可能とされると考える．その時，スーフィーの智は「霊知」と「真理」という1段高いレヴェルとなる．これを知者あるいは「霊知者」と呼ぶ．

次に，この霊知者になるための道の要素について検討しよう．

(4) ファナーと発心の比較

スーフィーにおいても，ファナー体験をするにはまず現状否定，つまりキリスト教でいう回心，仏教でいえば発心が必要である．それをスーフィーでは改悛という．

スーフィーではこの改悛は，人間の主体的な動機によるのではなく，神の恩寵によるとされる．それゆえに，スーフィーの道は誰にでも開かれていない，という意味で特権であり，またそれゆえに彼らの宗教的な情熱は駆り立てられる．

この改悛は深い自己否定，罪の自覚から始まるとされる．つまり悔い改めることは一心に神を見つめること，観照することとする．そして，観照とは自己を捨てることでもある．つまり『閃光の書』の改悛の門には「汝らここに入る者はすべて，自我を捨てよ」[40] というわけである．この認識は，仏教においても，キリスト教においても見出せる発想である．

因みに仏教においてスーフィズムと近似的な発想を持つ禅においても，自我の束縛からの解放は，基本である．この点を道元（1200-1255）は，同様な境地を「自己をはこびて萬法を修証するを迷いとす，萬法すすみて自己を修証するは悟りなり．」[41] などと表現している．

つまり，ファナーを得るための修行には，まず自己中心的な見解，言い換えれば日常的な価値観を捨て去ることから始まるのである．

そこには，すべてを神に投げ出す，つまり自我を放下して初めて理解できる世界観がある．それは，『閃光の書』の「『私は多くの罪を犯しました，もし私が神に向かって悔い改めたなら，神は慈悲深く私の方を向いてくださるでしょうか』と．『いいえ』と彼は答えた．『でも，神があなたの方に向き給うならば，あなたは神の方に向くでしょう』」[42]という，言葉によっても，また「諸仏のまさしく諸仏なるときは，自己は諸仏なりと覚知することをもちいず．しかれども証仏なり，仏を証してもてゆく．」[43]となる．

この両者は，まさに自らの計らい，自己を中心とする意識，行動を捨て去る，脱することによって初めて神あるいは仏，つまり真理の状態が表れる，あるいはそれと一体化するという世界観である．このような思想を一般に神秘主義思想あるいは宗教と呼ぶのである．

(5) スーフィーの修行観

したがって当然であるが，このような行為は独善であってはならない．そこに良き師（導師：）の導きの必要がある．

スーフィーでは，導師に就かず独弧として修行するものは「悪魔を導師とする者」ともいわれ，敬遠される．それは魂の導きが独善であってはならない，という前提があるからである．この点は，インドの諸宗教においても同様で，とくに神秘体験を重視する仏教やヨーガ，とくに禅仏教にはこの傾向が強い．

スーフィーとして修行の道に入るためにどれほどの厳しい修行，言い換えれば師の絶対服従が要求されたかといえば，「我は神なり」と宣言して，火あぶりとなったハラージとも関係があったとされるスーフィー，アブー・バクル・シブリー（不詳．10世紀の人）が，バクダードの有名なスーフィー，ジュナイド（？-910頃没）に入門を請うと，ジュナイドは，高級官僚として知事まで務めたシブリーにまず，行商人，そして乞食生活を数年間させ，世俗の時代のプライドや思いを徹底的に捨てさせた．しかも，他者の下僕となることを条件に入門を許したのである．その結果彼は「私は神の被造物の中

で最も卑しいものだと思います.」という境地に達することができ,一人前のスーフィーとみなされた,とされる.

このようにスーフィーの悟りの道は,これほどまでに厳しい覚悟を必要とされるのである.

同様な視点は仏教においても認められる.とくに,禅においては菩提達磨に入門を志願した恵能は,これを断られると決心の強さを表すために,自らの手を切り落とし菩提達磨に差し出した,というような極端な話も伝わっている.この種の逸話はたくさんあるが,その所以は,「仏祖の大道,かならず無上の行持あり.道環して断絶せず.発心,修行,菩薩,涅槃,しばらくの間あらず,行持道なり.このゆえに,自らの強為にあらず,他の強為にもあらず,行持道なり.」[44]として,我々が悟りを開けるのは,その方法が代々継承されてきたからである,とする.つまり禅者が悟りを開けるのは「諸仏諸祖の行持によりて,我らが行事現成し,我らが大道通達するなり」(同)ということになる.

それゆえに師匠に仕える必要があり,そのためには世俗の地位や名誉や,既存の価値観は捨てねばならないとされる.禅の有名な書物『碧眼録』にも「垂示云,機不離位,堕在毒海(我師が仰るには,世俗の関係や地位を離れなければ,悟りには到達できないどころか,迷いの海に沈むことになる.)」(第二五則)などという言葉がある.

(6) スーフィーの生活

このようにスーフィーの教えは主に,清貧と禁欲,そして祈りと精神集中によってなされるとする.とくに,スーフィーは宗教生活,つまり祈りの生活に専念するために,日常の雑事から極力距離を置くことをめざした.つまり,すべてを神に捧げ尽くすことをめざすスーフィーにとって,日常生活に最低限のもの以外は,不必要なのである.

インドで有名なスーフィーであるクトゥブ・ウッデーンはあるとき,スーフィーのファリド・ウッデーンが,裸同然の清貧生活を送っていたにもかか

わらず，砂漠の民に不可欠な戸枠を捨てきれずに持っているのを見て「汝は，まだ神の御心に近づいていない！」と喝破した．すでにスーフィーとして高名であったファリドは，自らの非を恥じてクトゥブの弟子になり，修行を完成させた．このようにスーフィーにとっては，物質的な財はおろか精神的なもの，つまり願いや希望さえも持たない完全に「貧しい者」（ファキール）や「乞食者」（デルヴィーシュ）になること，またそう呼ばれることは名誉なこととされた．

このような清貧の思想は，仏教では開祖ゴータマ・ブッダをはじめ戒律で定められた生活となっている．しかし，実際には，名利を求める宗教家が少なくなかった．だからこそ中国の名僧臨済義玄（?-867）などは，名声が高くなり居住の寺に人々が押しよせて来るたびに，それを嫌い居住の寺を転々としたし，空海や道元は都を離れて寂しい山中に庵を開いた．

とくに空海は『三教指帰』において，社会的出世の道を捨てて出家すること，つまり乞食僧として生きてゆく決意を表現しているが，その生活はまさにスーフィーそのものである．

(7) 修行の方法

自らの努力によって神との合一の階段を登ることができるとするスーフィーにとって修行は，重大な関心事である．しかし，仏教やヒンドゥー教のように苦行や修行体系を伝統的に形成してきた宗教と異なり，イスラームにおいてはいかにスーフィーといえども苦行や荒行を公然と主張することはまれであった．そのかわり，ズィグルと呼ばれる称名念仏的な行が奨励された[45]．

つまり一心不乱に神の御名を唱えることを通じて，神に近づこうというのである．それゆえに，しばしばこのズィグルを通じて忘我の状態を体験し，神との合一の疑似体験とすることがスーフィーの間で行われる．彼らの行がどれほどであったかを知るエピソードとして，初期のスーフィーで有名なサフル・イブン＝アブディラー（896年没）の話が伝わっている．彼は弟子に

「アッラー，アッラー」と一日中唱えよと教えた．弟子がそうすることを覚えると，今度は睡眠中にもそれが口から出るようにせよと命じた．ある時，その弟子の頭上に材木が落ちると，流れ落ちる血で「アッラー，アッラー」と書かれていた，という．

仏教ではこれほどの熱狂的な表現は伝えられていないが，平安時代の空也上人（903-972）は，「市の聖」あるいは「弥陀聖」と呼ばれ常に念仏を行いながら，人々の救済を粉骨砕身した．空也上人は，口に弥陀の妙号を称えながら民衆救済を行ったとされるが，その宗教性の高さ，阿弥陀仏への帰依の深さを現した有名な空也像と通底するものがある．つまり，波羅蜜寺には，その姿を象徴的に表現したとされる，鎌倉時代の明光運慶の子康勝作で，空也上人の口から阿弥陀仏が現れる上人像がある．この空也上人像の口から6体の阿弥陀仏が現れる姿は，先のスーフィーたちの表現が誇張でなく，一種の宗教的な領域を現したものであることを現している．

このように，神の名を一心に唱える称名行は，イスラームのみならず仏教にも，キリスト教にも共通する修行である．そして，その目的は，ひとえに神への思念の集中である．

スーフィズムにおいて精神集中が，宗教的完成への階梯を上る最重要手段と位置づけられた背景には，インド思想やグノーシスからの影響が考えられるが，スーフィーの特徴として，音楽や舞踏を介してこれを達成することができるとする点がある．彼らは音楽や舞踏を単なる儀式としてではなく，修行の一環，しかもそれらを通じて神を直接に体験できるとした．

スーフィズムの行のひとつとして，音楽をスーフィーの修行体系の中に，本格的に導入する道を開いたのは，イスラーム史上最大の思想家であり，偉大なスーフィーの哲学者アルーガザーリー（1058-1111）である．彼は，サマーと呼ばれる音楽的な修行法を重視した．つまり，スーフィーは，音楽を聴きながら奏でながら，徐々に精神を集中させ，神との合一ができるとし，その修行を重視した．これは，インドの宗教者においてもみられる傾向である．また，日本の日蓮宗なども同様な形態をとる．

彼は「スーフィーとは，とくに神への道を歩むものであり，その生き方は最善のものであり……．スーフィーが動くのも止まるのも，その内も外も，すべては神の啓示の光明から得られたものであり，地上には啓示の光明のほかに光源は何もないのである．」[46]と記している．

一方，一部のスーフィーの中で行われていたセマーと呼ばれる祈禱の舞に高い評価を与えたのが 13 世紀の偉大なスーフィーであり，詩人であるメヴァラーナー・ルーミー（1207- ）であった．彼は托鉢僧の影響を受けセマーに没頭し，セマーを通じて法悦，つまり神のと合一体験を，セマーの内に体験したのである．彼はセマーを自らの友人や支援者，弟子の内に広めた．

ルーミーのセマーをひとつの教団に組織化したのは息子ヴェレドであった．彼の教団をルーミーの名を冠してメヴラーナー教団と呼ぶ．この教団では，音楽にあわせて旋回し忘我の状態に至る．彼らは数時間，時には幾日も踊り続けるという．

ルーミーの影響も与り，本来は異端とされる音楽や舞踏を重視するスーフィー思想，あるいはその修行法は，大きなうねりとなり東はインドから西はスペインまで瞬く間に拡大した．12-13 世紀以降のイスラーム勢力の拡大に，スーフィーの役割は大きかったが，とくに，インド亜大陸から東南アジアにおけるイスラームの拡大とスーフィー，それも音楽や踊りを介してトランスに導くカッワーリー（スーフィー独自の宗教音楽）の果たした役割は無視しえない．

インドでは 13 世紀以降，チシュティーやスフラワルディーといったスーフィー教団が，カッワーリーなどの修行法を用いて多くのインド人の心をとらえた．以来，カッワーリーは，現在に至るまで幅広く民衆の宗教性を支える修行であり，さらに娯楽としても実演されている．また，シク教においても，この風習は取り入れられている．

このような音楽と舞踊とが一体となり，トランス状態に導く修行の仕方は，仏教の踊り念仏と共通するものである．踊り念仏は，一遍上人が仏教を

わかりやすく民衆に広めるために，編み出した修行の一種である．彼は激しい念仏踊りによって，忘我の状態となり，阿弥陀仏の救いが得られるとした．多くの信者が念仏踊りのうちに失神したとされる．

(8) 神人合一体験（ファナー）の表現

　神との合一体験，それはいわば忘我の状態（トランス）であり，この忘我の状態のうちに神との邂逅や一体感を得るという神秘体験のことをスーフィーは，ファナー（消滅）と呼ぶ．この神秘体験は，本来言葉によって表現することはできないとされる．

　しかし，同時に言葉でなければこの体験は表現できないのも事実である．少なくとも，言葉は，この神秘体験を表現できる最も有効な手段である．ゆえに，多くの神秘主義思想に共通にみられる現象であるが，スーフィーのファナー体験も象徴的な表現によることとなる．また，時には逆説的，否定的表現なども多用される．というのも，彼らの体験した世界は，「目に見えない絶妙は，伝統的権威によってではなく，神的光により事物を把握できるまでに神の恩寵を享受した人々のみによって，理解される．」[47]であるからである．

　しかも，彼らがファナーの状態にあるときは，「彼らの目には，一者以外何も見えないし，また自己自身すら見えない．彼らはタウヒードに没入しており，そのため自己自身さえ気づかない……．自己自身から死滅しているのである．（中略）いまや神がその僕の心の世話役となり，叡智の光で心を照らし出すに至る．神が僕の心の世話を引き受け，〔神の〕恵みがその上に満ち溢れ，光が差し込んでくると，心が開き，神の国の神秘が顕示される」[48]という具合である．

　さらにガザーリーはファナーの状態を神を表す焚き火とスーフィーを表す蛾の比喩で表現する．つまり火の周りに集まり旋回し，最後に焚き火に飛び込み，一瞬のうちに燃え，焚き火の一部となるように，スーフィーも神の中に消滅し，神と合一できるとするのである．

このように，ファナーの状態はいっさいの束縛を超えた世界である．

仏教でも，悟りの境地は「言語道断」であり，これを表現することは竜樹の『中論』に展開される八否の論理や，臨済の「仏に逢えば仏を殺し，祖師に逢えば祖師を殺し，……」[49]などに顕著に現れている．

> 君はそれに対応するものが何も存在しない名前を知っていますか．
> 君は「ば」「ら」という文字から，ばらを摘み取った事がありますか．
> 君は神にも名をつける．それなら行って，君が名づけた実在を探し出してきなさい！
> 水の中にではなく，大空に月を探し求めなさい！……中略．
> 君が単なる名前や文字を超えた所に登りたいと願うなら，直ちに自我から自由になりなさい．自我の全て除く際から身を清めなさい．
> そうすれば君は自分自身の輝く本質を見るだろう．[50]

このようにスーフィーたちは，その深い思索とあふれんばかりの信仰心，そして巧みな言葉で，ファナー体験を表現し，珠玉の箴言集，あるいは詩集を世に送り出した．つまり，ファナー体験から生まれた境地は，深遠にして，広大，自由にして柔軟なスーフィー思想を生み出し，それは多くの優れた文学作品，とくに詩集を生み出すこととなったのである．

ルーミーはその典型ということができる．

しかし，スーフィーの思想は，単に文学作品のみに現れたわけではない．それは絵画や芸術，建築さらには現実政治にまで広く展開されたのである．つまり，この思想は，スーフィー文化とでも呼べるような包括的な文明現象にまで拡大してゆくのである．

次に具体的な例をインドのムガル朝に見てみよう．

5. インドにおけるスーフィズムの展開

(1) 初期インド・スーフィー展開思想

　インドへのイスラームの正式伝播は，711年と早かった．ヒンドゥー教と仏教の地インドへのイスラーム伝播は，やはり武力による軍事的な支配から始まった．その後，11世紀から本格化するアフガン勢力の熾烈な殺戮や宗教弾圧によって，イスラーム徒とヒンドゥー教徒との間の溝はなかなか埋まらなかった．しかし，12世紀頃からインドに進出してきたスーフィーたちの地道な努力が，本来開放的で，融和的なヒンドゥー教徒の心を開くこととなり，両者の間には徐々にではあるが，融和・共存の風潮が生まれた．

　大多数のスーフィーは，特定の政治権力と結びつくことを嫌い，信仰と宗教生活をともにする少数団を形成し，ひたむきにファナーをめざして修行に打ち込んだ．彼らの集団をターリカと呼ぶ．

　このターリカは，シェイフなどの精神的指導者を中心に形成され，その組織もきわめて弾力的であった．また，その中にはヒンドゥー教の苦行や修行者さえも加わり，また逆にヒンドゥー教の修行者の集団にスーフィーが加わることもまれではなかった．

　インドへのスーフィーたちの布教活動は，主に中央アジア出身者によって支えられた．彼らの存在は，歴史に名を残さないような民衆レヴェルの聖者たちによって静かに，しかし，着実に行われた．そのような草の根運動的なスーフィズムのインドへの展開で注目されるのが，チィシュティー派の存在は重要である．

　このチィシュティーは，アフガニスタンの現在の地名でいえばチィシュト (Chisht) に本拠地を置く，いわばインド独自のスーフィー教団である．このチィシュトは，かつて仏教徒の町であったが，それがユダヤ教徒に，さらにマニ教徒の，さらにイスラームへとその居住者の宗教が変わった土地であ

る．しかも，この地は，イラン文化圏とインドとの中間点に位置し，それゆえにイスラーム化したのちにも，異教的な雰囲気が色濃く残っていた土地であった．ここに生まれたスーフィー教団が，チィシュティー教団である．この教団の起源は古く，9世紀頃からその存在が知られているが，その存在が，一躍注目されるようになったのは，高名なババ・ファリド（1173-1276）による目覚ましい活動にある．ファリドの祖先は，アフガニスタンのカブールの出身であったが，戦火を避けて移住したラホール近郊で生まれた．彼の母は，ファリドの思想形成に大きな影響を与えたが，その最たるものは，苦行と清貧ということであったとされる．彼の母の伝記はつまびらかではないが，激しい苦行や清貧の思想に，インドのゴーガ行者の教えに通じるものがあるという指摘は，多くのイスラーム研究者も認めるところである．このファリドの後継者といわれるニザムウッディーン（1238-1325）は，ヒンドゥーの聖者と広く交流し，その影響を強く受けたとされる．その一方で，彼らはヒンドゥー教徒への働きかけを積極的に行い，イスラームとヒンドゥーという二つの宗教の教条主義的な対立を越えて両者の宗教の違いを認めつつ，究極的には異なることがない，あるいはめざすものは変わらない，という意識を醸成するまでに至った．14世紀の初頭のことである．彼らの後継者は，このヒンドゥー教との共生の思想ともいうべき運動を推し進め，両者の対立を越える道を模索した．もちろん，彼らスーフィーといえどもイスラームの優位性を越えることはできなかったが，しかし，これを越えて両者の融和的な共生思想を説くものが現れた．

その代表がカビールやナーナク（1469-1538）らである．彼らは，イスラームからは偉大なスーフィーの師（シェイクやピール）と呼ばれ，ヒンドゥー教徒からはグルと呼ばれる存在である[51]．

このようなヒンドゥー・イスラーム融和文化は，スーフィーによるイスラームからのヒンドゥー教への理解と歩みより，そしてヒンドゥー教徒本来の寛容さが融和した結果である．そして，それを政治的にもバックアップしたのが，ムガル王朝第3代皇帝のアクバル以下，その子孫たちである．

アクバルは，カビールやナーナクから遅れること数十年にして，ムガル王朝第3代の皇帝となった．彼は独自のヒンドゥー・イスラーム融和思想，それをさらに進めた融合思想を展開した．またアクバルは，この視点を，単なる抽象論に終わらせることなく，現実の政治・社会政策に展開し，既存の諸宗教をイスラームと同等視した寛容政策を展開した．

既述のように，インドには宗教的差異を超える神秘主義思想の伝統が，その底流に存在し，その伝統はイスラーム教徒の世界においても，無理なく受け入れられた．とくに，自らもスーフィーとして宗教的な体験をもっていたアクバル帝は，その宗教思潮を積極的に宗教的にも，また政治的，文化的にも展開した．

その結果，ヒンドゥー・イスラーム融合文明といえるような諸宗教・文化融合が，アクバルからダーラーまでの約百年間，ムガル宮廷を中心に花開いた．そこでは，イスラームとヒンドゥー・キリスト・ユダヤ・パールシー（イラン）の各宗教が，同等に扱われ融和・融合する文化が花開いた．

(2) アクバル帝の宮廷文化

アクバルは自らもスーフィーとして活動する神秘主義者であった．もちろん，彼自身最初からスーフィーではなく，それゆえに一般のイスラーム王の如く，その最初期においては諸宗教の融和を必ずしも重視していなかった．しかし，1560年代から徐々にその気運は高まった．彼はシェーイーク・サリム＝チシュチーから強い影響を受けスーフィーとして諸宗教の寛容へと大きく変貌していく．

1570年代の中頃より，彼の宗教政策は，権威化し，教条的な正統イスラームを廃して，宗教的寛容をめざすスーフィー的傾向をもつ．まず，アクバルは1575年に教条主義的なイスラームの聖職者たちを排除して，信仰の家を建設した．

また，アクバル帝は1579年にはイスラーム至上主義者への反省を込めて，諸宗教融和を旗印としたディーニ＝イラーヒー（神聖宗教）を始めた．これ

は1575年以来続いていた信仰の家における諸宗教の対論を通じてのアクバル帝がたどり着いた結論であった．

アクバルはこの「信仰の家」においては，「この神聖なる場所は，霊性の構築のために供され，この地に神聖なる智の柱が高々と出現した．」と表現される如く，アクバル帝を中心に，

> 彼の寛容さと神の影を明らめる（帝の）寛容さによって，ここにはスーフィー，哲学者，法学者，法律家，スンニー派，シーア派，（ヒンドゥーの）バラモン，ジャイナ教徒，チャールバーカ，キリスト教，ユダヤ教，サービー，ゾロアスター教徒などが，この厳な集まりにおいて一堂に会して議論を行った[52]．

という宗教的雰囲気が形成された．

このアクバル帝の諸宗教の融和思想やその政策については，さまざまな批判もなされている．しかし，彼の融和思想が単なる思い付きや政治的なテクニックによって導き出されたものでないことは，幾つものエピソードによっても明らかとなる．

たとえば，アクバルは1567年シク教の第3代グルアマル・ダス（1479-1574）を訪問する．当時，結成間もない弱小教団であったシク教であるが，アマル・ダスは，面会の条件として，アクバル帝にシク教のシンボルであるランガル（共同食堂）で食事をとることを示す．この共同食堂とは，年齢，職業，階級，性別さらには宗教を問わずシク教の教えに共感する者が，まず食事をともにするというシク教の教えに由来するが，実際には差別社会であるインドにおいては，革命的なことであった．

この申し出を聞いたアクバルの臣下は激怒したがアクバル帝は，一弱小教団の教主ではあるが，その神秘主義思想家として名をなしていたアマル・ダスの言葉に従い，伝えられるところでは，乞食たちと同席し，ランガルにおいて粗末な食事をとったといわれている．しかもアクバルは，アマル・ダス

の思想に共鳴し，彼に現在のアムリッサル一帯を与えたのである．それがシク教団の躍進にもつながったのである．

　また，彼が建設した首都ファーテプル＝シークリーには，彼の諸宗教，文化融合という理想が具体的な形となって現れている．彼が建設した宮殿には，イスラーム建築の象徴ともいえるボドームやアーチはほとんど用いられず，ヒンドゥー教や仏教の建築様式である木組みを思わせる柱や梁，さらには傾斜した屋根などが，すべて石を素材に作られている．また，ディワネー・カース（貴族謁見の間）には，諸宗教・文化の融合を象徴する柱が建設された．建物の中央に建つ1本の柱には，イスラーム・ペルシャ・キリスト・ヒンドゥーの各宗教文化を象徴する模様や形が彫りこまれ，それが巨大逆円錐形のヒンドゥー様式の待ち受け式の梁で支えられる形となっている．皇帝はこの上で貴族を睥睨して謁見した．

　アクバルの諸宗教の融合政策，融合文化は，彼の墓所であるシカンドラにおいて見事に証言されている．この建物には，世界各地の意匠がふんだんに使われ，それらが見事に調和している．

　このように，アクバルは身分の上下，宗教の如何を問わず道を求めるのに真摯であり，すべての宗教に寛容であり，また異なる思想に対しても謙虚に耳を傾ける思想家でもあった．彼は当代一流のスーフィーとして，ヒンドゥー・イスラーム融和・融合思想の流れを受け，さらにそれを一歩進めようとしたのである．

(3) ダーラーのヒンドゥー・イスラーム融合思想

　ダーラーの思想については，日本においては，アクバル帝のそれ以上に知られるところが少ない．しかし，彼はムガル王朝を代表するスーフィーであった．しかも彼はシャー・ジャハーンの皇太子として，実際の政治を執りその中に寛容の精神を反映させた．また，彼は文化事業にも熱心であり，たとえば，彼がサンスクリット語からペルシャ語に翻訳させたウパニシャッド文献，これは『ウプネカット』と呼ばれ，後にラテン語訳されてヨーロッパ

の知識人に大きな影響を与えたことは，よく知られたことである．これのみならず，ダーラーは，スーフィーとしてイスラームに固執せず，諸宗教思想にきわめて柔軟に対応した．とくに，彼はヒンドゥー教の諸聖典の翻訳事業などを通じて，神秘主義思想を極めた．とくにヒンドゥー教の聖者バーバー・ラールの感化を受けてある意味でバクタとしての立場から，ヒンドゥー・イスラーム両教の融和を思想的に試みたのが，彼の代表作である『二つの海の交わるところ（マジマルーダフリン）』である．

ダーラー自身が書いた本書の前文には，この経緯を，

> （ダーラーは）真実の中の真実を覚り，スーフィーの真の宗旨（教えの根本）の素晴らしさに目覚め，偉大なる深遠なるスーフィーの英知を悟った後に，（ダーラー）はインドの（存在の）一元論者達の教義を知ろうと強く願った．（ダーラー）は学者達と交流し，インドの宗教における神の聖性について議論を繰り返した．彼等インドの学者は，宗教的な訓練と知性と洞察において最高に完成された境地に到達したもの達である．そして，（ダーラー）は，彼等（インドの宗教者）が捜し求め，獲得した真実について，言葉以外には，その違いを見出すことができなかった．その結果，二つの宗教（集団）の考えを集め，諸テーマを集め，真実を求める人に基本的で，有益な知識を供給する一冊子とし，これを名づけて『二つの海の交わるところ』とした[53]．

と，ダーラーは記述している．

これは，「この世界が神の顕現であり，人間は神の本質のミクロコスムである」というウパニシャッド的な世界観に強い共感を示すのである．その上さらに，彼らは調息や聖音などの思念を説き，生前解脱さえ認めるのである．

これらのことを通じてダーラーは，イスラーム教とヒンドゥー教との共存が社会的，文化的はおろか宗教的にも可能である，という考えに至るので

ある．このことは，イスラームの寛容性を最大限引き出したインド・スーフィーの知的営みの極致ということができよう．

(4) インド・イスラームの近代化

インドのイスラーム化は，前述のように主に異教への寛容・融和思想を説くスーフィーたちの努力によるところが大きかった．その結果，ムガル王朝ではヒンドゥー・イスラーム融和思想が優勢となっていたが，その一方で絶対少数であったムスリム人口も増大し，ムスリム純化の意識が高まりを見せてきた．その発端にスィルヒンディーがあり，さらにシャー・ワリーウッラー（1703-1763）が登場し大きなうねりを形成する．彼は偶然にもアラビア半島において極端なイスラーム純化運動を展開したアブドル・ワッハーブ（1703-1787）と同様の運動を展開した．もっとも彼の運動自体は，ただちにインド・イスラーム全体に大きな影響を及ぼすまでには至らなかったが，彼の浄化運動は，子弟に受け継がれ，シク教やイギリス政権への攘夷運動に発展した．しかし，その過激さのあまり，程なく弾圧される．しかし，その思想は，遥か後のインド・パキスタン分離独立時のパキスタン建国の思想に影響を与えた．

ワリーウッラーに由来する攘夷運動の挫折やセポイの乱（1857-1858）の失敗は，高度西洋文明へのムスリムの覚醒をもたらした．その代表がサイイド・アフマド・ハーン（1817-1897）であった．彼はムスリムの近代化のためにあらゆる方面に大きな貢献をしたが，後にアリガール大学となる「ムハメダン・アングロ・オリエンタル・カレッジ」を設立し，ムスリム子弟に近代的な教育の場を提供したことは，その後のインド・イスラームの発展に大きく寄与した．

しかし，アフマド・ハーンの提唱する開明主義的運動に対して，伝統を重視しつつ近代的な精神をイスラームに取り込んだイクバル・ハーン（1873-1938）の存在は，重要である．彼はミュンヘン大学から学位を取得するほどの高い学識を持った教養人であったが，決して西洋文明に傾倒せず，これを

イスラームの近代精神形成に利用できた稀有な思想家であった．また，彼はムスリムのインドからの分離独立運動を積極的に進め，パキスタン独立の父ジンナーに大きな影響を与えた．

1947年多大な犠牲を払ってヒンドゥー教徒を多数派とするインド共和国とイスラーム教徒を絶対多数とする東西パキスタンは分離独立した．その後，1971年には東パキスタンが，バングラデーシュとして独立する．

また，イスラーム国として独立したパキスタンと世俗主義国家として独立したインド共和国においては，そこに住むムスリムの意識は多少異なっている．とくに，パキスタンは軍事政権が長く続き，その間にイスラーム復古主義が推進された．一方，インド共和国内にとどまったムスリムはヒンドゥー教との協調を重視する傾向にある．

しかし，インドもパキスタンも領土問題やアフガニスタン紛争など国際情勢に翻弄されており，その思想的な混乱も小さくない．

おわりに

以上のように，インド亜大陸におけるイスラームの拡大は，厳格なイスラーム主義からではなく，むしろ多様な宗教形態と平和的に共存することをめざしたスーフィズムの働きが大きかったことがわかる．彼らは教条的な教理解釈からは，逸脱のそしりを受けつつも，イスラーム教の宗教的な本質ともいえる神との絶対的なかかわりの中で，あらゆる存在が唯一の神の被造物である以上，その共存の可能性を否定せず，むしろその可能性を強靭な思索と宗教体験から生まれる寛容性によって実現してきた．この宗教運動に支えられて，インド亜大陸，さらには，東南アジアへのイスラームの伝播定着がなされた，という歴史的な事実は，IS（イスラーム国）やサウジアラビアのような厳格なイスラーム解釈がとかく耳目を集める昨今，イスラームと他の宗教との共存の可能性を考える上で，つまりイスラームの爆発的な拡大とい

う人類が直面する課題に，解決のために，ヒントを与えてくれるのではないか，と筆者は考えている．

1) Kufi *'Fathanamah-i Sind'* Islamabad, 1939, p.19.
2) インド・イスラーム関係の書物多数存在するが，荒松雄『中世インドの権力と宗教――ムスリム遺跡は物語る』（岩波書店，1989 年）など一連の業績参照．また，イスラーム神秘主義思想については，小川亮作『印度の回教徒』地人館，1943 年．あるいは S. Dizvi' *A History of Sufism in India'* Munshiram Manoharla. India, 1937.
3) 関係文献は，枚挙に暇がないが，インドにはイスラーム聖者の聖地などもたくさんある．ニザムウッディーン廟など．F. Robinnsonn（板垣雄三監修）『世界文化地理大百科：イスラーム』（朝倉書店，1988 年）は，インドイスラーム研究者によるイスラーム文化論であり，従来の欧米系，あるいは中東イスラームとはその視点がかなり異なる点が，有益である．
4) スーフィズムの定義については多々あるが，基本的なものとして板垣雄三他『新イスラム辞典』（平凡社）などがわかりやすい．日本人の著作としては，井筒俊彦の一連の著作，中村広治郎のほかに，新しい研究として，東長靖『スーフィズム』（名古屋大学出版会，2013 年）などがある．
5) 塩尻和子『イスラームを学ぼう』秋山書店，2007 年，182 頁．
6) 前出『新イスラム辞典』215 頁．
7) 筆者は，インド・スーフィーの強い影響を持っていた中央アジア出身のスーフィーたちに着目し，その思想的な基盤の共通性には，中央アジア独自の思想融合の伝統がある，と考えているが，このテーマに関しては次回の論文において検討する予定である．
8) この点に関しては，注 2 の書物を参照．
9) スーフィーたちの熱狂が，政治指導者に利用されたり，裏切られたり，また，彼ら自身が王朝を創ることもあった．小杉泰『イスラム文明と国家の形成』（京都大学出版会）がわかりやすい．インドの事例は，小川前出書に詳しい（英文などは省略）．
10) イスラームの伝承の中には，この数を 12 万 4,000 人とするものもある．ちなみに『コーラン』には，そのうち 27 人が登場する．
11) イスラーム国家の興亡に関しては，小杉前掲書．インドに関しては，荒松雄『中世インドの権力と宗教――ムスリム遺跡は物語る』（岩波書店，1989 年）参照．
12) ハラージュに関しては，拙論「ハラージュにおけるインド思想の影響」『宗教研究』2005 年 2 月，78-98 頁参照．
13) 嶋田襄平『イスラム教史』（山川出版社，1978 年）など，ムハンマドの伝記あるいは，拙著『ブッダとムハンマド』（サンガ，2008 年）参照．

14) 最近，ムスリムで仏教とイスラームの関係を論じる研究者が現れ，注目すべき考察を行っている．注16を参照．
15) 従来の宗教学では，この点はあまり問題とされないが，キリスト教の理解にとって，やはり重要であろう．東西の宗教文化の交流という視点で，謙虚に考えることも重要である．一方，このような神懸り，苦行のような修行を通じて，神と通じるという宗教行為はどこにもあるともいえる．エリアーデ（堀一郎訳）『シャーマニズム』（ちくま学芸文庫，2004年），あるいは堀一郎の関連論文『堀一郎著作集』（とくに第六巻）参照．
16) この時代の宗教事情は，実はあまりよくわかっていない．従来は，キリスト教徒である西洋の学者の独壇場であり，その意味でインドやペルシャなどの東方の宗教や文化，さらには文明の影響を軽視する傾向があったように思われる．しかし，最近は，イスラーム系の学者の中には，この時代を異なる視点から見る研究を試み，興味深い提言を行っている人もいる．たとえば，M. Vaziri *Buddhism in Iran* Palgrave, New York, 2012, Ben-Dor, Zvi Aziz Buddhism and Islam Mediveal Islamic Civilization:An Encyclopedia, Vol.1, edted by Josef W. Meri, 119~120. New York: 2006. など．また青木健『古代オリエントの宗教』（講談社現代新書，2012年）などは，そのヒントになる．
17) この点に関しては，現在詳細な論考を執筆中である．
18) このような思想が中央アジア特有といいきれるかどうかは確定できないが，中国，インド，そしてグレコローマ，セム（メソポタミア）などの文明が混じり合った中央アジアは，それぞれの文明の根からは切り離されたがゆえに，それを容易に混ぜ合わせて，新しい普遍型宗教や思想，さらには文明の形態を各地に発信した，と筆者は考えている．これは文明における文化剝離理論という．
19) ゾロアスター教については，メアリー・ボイス（山本由美子訳）『ゾロアスター教』筑摩書房，1983年．さらに専門的には Meary. Bois *Zoroastiarism*. Birll, 1985. 荒井・大貫『ナグ・マハディ文書——チャコス文書グノーシスの変容』（岩波書店，2010年），R. C. フォルツ（常塚聴訳）『シルクロードの宗教』（教文館，2003年），加藤九祚『シルクロードの古代都市』（岩波新書，2013年），エドヴァルド・ルトヴェラゼ（加藤九祚訳）『考古学が語るシルクロード』（平凡社，2011年），青木健『マニ教』（講談社メチエ，2010年）などの一連の著作にも興味深い記述がある．
20) いずれにしても，これは今後の問題である．中村元『インドと西洋の思想交流』（春秋社，1998年）で中村先生は，グノーシスは，インドのプラジュナー（智慧）と関係があると述べている．
21) 矢吹慶輝『マニ教と東洋の諸宗教』（佼成出版社，1988年）などが基本的な文献である．青木健氏のような若手研究者も出ている．
22) 山本由美子『マニ教とゾロアスター教』山川出版社，世界史リーフレット．さらには岡野昌雄訳『アウグスティヌス著作集——マニ教論駁集』第7巻，1979年．

第 1 章　仏教とイスラームの連続と非連続　51

23) 森本公誠訳『歴史序説』（岩波文庫）第一巻，28 頁．このような指摘など枚挙に暇がない．
24) このために，筆者はスーフィー運動を大まかに，二つに分けて考える必要があると考えている．つまり，西方スーフィーたちが同じセム族の一神教的宗教構造を共有するライバルとの正統性を争う議論に集中できたのに対して，インド・スーフィーたちはまったくその存在を否定する多神教徒への布教とその共生という，イスラームが神学的な根本レヴェルでの敵対者の中での宗教活動が不可欠であったからである．ゆえにインドへの布教や定着に，インド・スーフィーたちは，大きな思想的な飛躍を迫られたといえる．その過程を明らかにする，とくにその思想的な展開をたどるのが，筆者の関心事である．
25) サマーン朝の芸術などに，仏教や，ヒンドゥー教との融合，つまり中央アジアにイスラームが定着するその初期状態の状況を垣間見ることができる．当時のイスラーム支配者は，現地の多神教徒徒の共存が前提となっていたのである．詳しくは，前出『イランの仏教』，サマーン朝などの検討が待たれる．既存の研究では，前出 M. Vaziri *Buddhism in Iran*，がきわめて注目される．また Narshakhi (tr.R. Frye) *The History of Bukhara*, Markus Wiener, 2007 は，仏教やゾロアスター教が優勢であった初期イスラーム支配時代のブハラの状況を伝える．
26) アル＝ビルーニーについては，H. S. Zahicl *Al-Bīrūnī*, H. Foundation, Pakistan, 1981 などに詳しく紹介されている．
27) 筆者は，この点を仮説的であるが重視して，中央アジアにおける文明融合と文明の総合・生成，そして発信という役割に着目する視点を提示してみたい．つまり，諸要素を組み合わせて新しい，どの地域にも受け入れやすい文明の形態を作り出し，発信したという歴史的な事実をとらえられる視点である．
28) 伊東俊太郎『比較文明史』（伊東俊太郎著作集）第 8・9 巻，麗澤大学出版会．伊東の文明の交流史観，文明交流圏という発想は，きわめて有効である．比較文明学関係の新しい視点並びに資料は，小林道憲『文明の交流史観』（ミネルヴァ書房，2006 年）に詳しい．
29) たとえば藤田宏達『原始浄土教の研究』（岩波書店，1970 年）は，優れた文献学の精華であるが，インド宗教思想を前提とする．浄土思想の源流をインドに求める背景には，仏教者としての無意識の先入観に根差しているといえるのではないだろうか？　たとえば，仏像の出現や，その表現法はギリシャ，ローマの影響のもとにあった，あるいはそれにペルシャ文明の影響があったことは，否定しがたい事実として認識されている．しかし，この仏像においても，神聖なるものの具象化という点やその技法において西方文明の影響が濃厚であるが，しかし，メインテーマはあくまでもブッダやその尊格であり，インド発の宗教である仏教の範疇に属するものである．この場合，仏像は「インド起源」といえるのか，いえないのか？
　答えは，このような二者択一的な発想そのものの限界を知ることで，明らかと

なる．なぜなら，仏像は具体的な存在が動かしがたくまた明確だからである．しかし，思想は抽象的であるがゆえに，恣意的で，不確定性がありその解釈も多様となる．

　しかし，芸術的な表現では，多くの源流の存在を認めながら，浄土思想には，それを認めないというのは，合理的な発想といえるであろうか？

　この点が，筆者にはやや疑問が残るのである．筆者としては，大乗仏教という現象を時間的，空間的，さらには動的な社会現象としてとらえることでこれを文明としてとらえ，その多様性と総合性のダイナミズムという視点から，これをとらえるとどのようなことになるのか，という点に従来から関心を持ってきた．この点で，文献解読には十分な能力を持たない筆者は，先学の業績を借用しつつ，比較文明学の方法論を用い，さらに現地での体験を踏まえてこれを再考してみたのである．

30) 本章では，紙幅の都合もあり大乗仏教や比較文明学に関しての説明は，これ以上行わないが，大乗仏教と我々が呼ぶかつての西北インド，現在のパキスタンの西北部からアフガニスタン，イラン東部，カザフスタン，ウズベキスタンなどの中央アジアのオアシス都市にかけて成立した新仏教運動について，従来の仏教学の視点を尊重しつつも，より自由な発想と，方法論によって新仏教運動の発生，展開について，考察を試みる必要があることは，指摘しておきたい．Puri, *Buddhism in Central Asia*, Motilal, Delhi, 1993．

31) 拙著『国家と宗教』（光文社，2006 年）においては，この点を空の政治哲学という視点からの簡単に検討した．空の思想に関しての本格的研究は中村元『空の論理』（中村元選集 22 巻）春秋社，1998 年．

32) 従来の大乗仏教論は，大乗側からの主張が多く，一方で伝統仏教側からは，大乗の存在はほとんど無視されてきた．両者を結ぶ仏教論は，密教のような発想によって試みられたが，チベット仏教がこれにあたるが，上座部世界では受け入れられていない．この点で注目されるのが，空海の『十住心論』である．

33) 浄土教の研究は，膨大なものがあるが，仏教研究者のものは，信仰をベースにするものが多く，その意味美術史の立場から生江義男『シルクロードと宗教の道』（日本放送出版協会，1984 年）が公正な視点を提示している．

34) 筆者がかつて，パンジャブのグル・ナーナク大学に学んでいたときに，高名なシク教学者のガンダ・シン師はじめ，多くのシク教の研究者が，シク教と大乗仏教の共通性を盛んに強調し，筆者に研究するように勧めてくださった．しかし，筆者の怠慢で，その研究は遅々として進んでいないが，最近その意味がようやく理解できたように思われる．『シク教の教えと文化』（平河出版社，1992 年）など参照．

35) H. Masom al-Hallāj"princton unv. 1982.

36) 詳しくは拙論「インド・スーフィーにおけるハラージュの位置づけ」『宗教学研究』78-3（2005 年）参照．

37) 同上.
38) この点は井筒俊彦『井筒俊彦著作集』(慶應義塾大学出版会) 第2巻・第6巻を参照.
39) ニコルソン (中村広治郎訳)『イスラムの神秘主義』平凡社, 1996年, 48頁.
40) 同, 49頁.
41) 道元「現成公案」『正法眼蔵』筑摩書房, 1971年, 1頁.
42) 前掲書ニコルソン, 47頁.
43) 前掲書『正法眠蔵』, 1頁.
44) 同上「行持」122頁.
45) インド思想上の修行論については, 拙著『仏教とヨーガ』(東京書籍, 2004年) 参照. さらに前田専学他『インド思想史』(東京大学出版会, 1982年) など参照.
46) 中村広治郎『ガザーリーの祈祷論』大明堂, 1982年, 18頁.
47) 前掲書 39頁.
48) 同上.
49) 入矢義高 (訳注)『臨済録』岩波書店, 1989年, 97頁.
50) 前掲書ニコルソン, 91頁.
51) シク教の思想に関しては拙著『シク教の教えと文化』(平河出版社, 1992年) 参照.
52) 拙論「ハラージュにおけるインド思想の影響」『宗教研究』2005年2月, 78頁.
53) 同上.

参 考 文 献

A. Toynbee *A Study of History* 1961 oxford unv. press. London.

Andre Wink *Al-Hind* 1990. brill

Attaru, Ta<u>b</u>kerat al-Awliā *Muslim Saints and Mystics; Episodes from the "Ta<u>b</u>kerat al-Awliā"* tr., by A. J. Arberry, London, 1990.

Herbert Mason *The Passion of ai- Hallāj Prinstonnuv* 1975 3vols.

J.Arberry *The Doctrine of the Sufis* 1933 maruzenn 1935.

M.Ravery *TabakAt-i-NAsirI* Lahore (1977).

井筒俊彦 (1975)『イスラーム思想史』岩波書店.

同訳 (2004)『コーラン』岩波書店.

岡田明憲 (1988)『ゾロアスターの神秘思想』講談社現代新書.

塩尻和子 (2007)『イスラームを学ぼう』秋山書店.

中村広治郎 (2012)『イスラム』東京大学出版会.

中村広治郎 (1998)『イスラム教入門』岩波新書.

ムハンマド・アッタール (1998)『イスラーム神秘主義聖者列伝』藤井守男訳, 国書刊行会.

山本由美子 (1988)『マニ教とゾロアスター教』山川出版社.

「アジアの神・舞・歌　第五回アジア伝統芸能の交流」（パンフレット）（1987）.
『井筒俊彦全集　第 2 巻　神秘哲学』（2013）慶應義塾大学出版会.
『堀一郎著作集　第 6 巻』（1990）未来社.

第 2 章

西ユーラシアにおける初期近代の展開
―― イスラーム世界とヨーロッパ ――

田 中　　努

は じ め に

　「西ユーラシア」に属するイスラーム世界とヨーロッパおよびこの地域の国々は，影響，交流，協力などの関係で結ばれる一方，他方において競争，対立，抗争，戦争の関係に陥ることが多く，歴史的に複雑な相互関係を形成してきた．本章は，初期近代（主として 16・17 世紀）の「西ユーラシア」におけるイスラーム世界とヨーロッパのそれぞれにおける主要な動向と相互関係の展開を論じることを目的としている．全体を詳論することは避け，この時期の西ユーラシアにおける大きな流れをひとつのナラティヴとして再構成することをめざしている．前半ではイスラーム世界の急発展とオスマン帝国の繁栄，同帝国による第一次ウイーン包囲と，ちょうど同じ時期に起こった宗教改革とのかかわりに注目する．
　宗教改革の結果キリスト教国が深刻な宗教的・政治的な対立と分裂の危機に見舞われる一方，イスラーム世界が発展を維持する中で，北方ヨーロッパにおいていかにして新しい政治経済モデルが台頭したかが後半の主題となる．この時期はまたすでにアジアに進出していたイスラーム勢力に加え，ヨーロッパ諸国のアジア・アメリカへの進出が著しく，それが「西ユーラシ

ア」の内部にも大きな地殻変動をもたらすことになる（なお，本章では西暦を共通暦として用いることをお断りしておきたい）．

1. イスラーム世界と宗教改革

(1) イスラーム世界の展開

1) アラブ大発展

イスラーム以前のアラビア半島の東方と北方にササン朝ペルシャ帝国，北方にはビザンツ帝国の二大帝国があった．6世紀後半からペルシャ湾－アラビア半島経由の貿易ルートが開かれ，メッカ・メディーナなどがインド・中国・東南アジアとの交易の中継都市として栄えた．7世紀前半にペルシャ・ビザンツ両帝国が30年間にわたって戦争状態に入り，陸上のシルクロードによる東西貿易商人の往来は妨げられたが，他方ペルシャ湾－チグリス・ユーフラテス経由の交易ルートと，紅海－スエズ経由の交易ルートを半島の両側に持つアラビア半島はアジアとの東西海上交易の中継点および陸路による交易の迂回経路として商業・都市文明が栄え，経済が活況を呈していた．ムハンマドは，632年に没するまでにアラビア半島全域を支配下に置いた．

ムハンマドの没後もイスラーム世界は急拡大を続けた．イスラーム軍はまずアラビア半島から地中海東部に進出してシリア（633年），エルサレム（636年），エジプト（639年），イラク，イラン（650年）を占領し，さらに東進してウズベキスタン，アフガニスタン，パキスタンを制圧し，インドのインダス川流域に至った．イスラーム勢力は661年にダマスカスを首都としてウマイヤ朝を開いた．ウマイヤ朝まではアラブ人を中心とした王朝であったが，その後750年にウマイヤ朝が内乱に破れアッバース朝が成立した．

2) イスラーム世界の拡大

アッバース朝ではアラブ人の特権的な地位は失われ，イスラーム教を信じ

るアラブ人，ペルシャ人らが対等な立場で支えるイスラーム王朝となった．アッバース軍は751年にはタラス河畔の戦いで高仙芝率いる唐・玄宗皇帝軍を破り，中央アジアのアム川流域まで東方への進出を果たした．この時唐の製紙法がイスラーム教徒に伝えられた．アッバース朝の首都は776年以降バグダッドに置かれた．バグダッドはティグリス川とユーフラテス川の両方に近く貿易上有利な地点を占めていた．アッバース朝は9世紀末までイスラーム世界の覇者であった．10世紀に入るとファーティマ朝が興り，エジプトを占領し，首都をカイロに置いた．ファーティマ朝（909-1171年）はアイユーブ朝（1169-1250年）に受け継がれ，さらに，マムルーク朝（1250-1517）が続いた．

3）　モンゴルの大攻勢とイスラーム世界

さて，ユーラシア大陸の東部では1196年にジンギスがモンゴルの指導者の地位につき，1206年にはモンゴル帝国の初代大ハーンに就任した．大ハーン・ジンギスのもとでモンゴル帝国は大発展を遂げたが1227年，ジンギスは西夏攻撃中に没した．その後も大躍進が続く中1257年にモンゴル帝国の第四代大ハーン・モンケの弟フレゲを司令官とするモンゴル軍がアッバース朝の首都バグダッドを攻撃し翌1258年にこの地を制圧した．さらに同年シリアのダマスカスを降伏させ，南下してパレスティナを制圧した．フレゲには1253年の大ハーン・モンケの指示により，さらにエジプトとヨーロッパを攻撃する使命が与えられていた．1259年に大ハーン・モンケが急死した後，エジプトに向かおうとしていたモンゴル軍を，マムルーク朝の軍勢が破った．イスラームに対して集中的に攻撃をかけてきたこの方面のモンゴル軍に対してイスラーム側が報いた初めての一矢であった．

ウマイヤ軍の一部は北アフリカを西進して711年にジブラルタル海峡を渡り，イベリア半島を北上して716年までに僅か5年ほどでイベリア半島のほぼ全域を平定した．イベリア半島はもとはローマ帝国の属領だったが，5世紀後半から西ゴート人に支配されるキリスト教国になっていた．ウマイヤ軍

は余勢をかってフランス中部にまで進出したが732年にフランク族との戦闘（トゥール・ポワティエの戦い）の後イベリア半島に復帰し，756年にウマイヤ朝の血統を継ぐアブドル・ラフマーンがアンダルシア入りして王位につきコルドバを首都として「後ウマイヤ朝」を開いた．こうしてイスラーム教徒によるキリスト教徒および同地に住んでいたユダヤ教徒に対する780年にわたる支配が始まった．支配形態としては，政治的服従と非イスラーム教徒に対する追加課税を前提に住民の生命，財産，身分，信仰の自由などを保証し，事実上の自治を認めるという寛容度が高いものだった．その後レコンキスタにより1492年の最後のイスラーム王朝であるナスル朝がグラナダの王宮を去るまで同地にイスラーム帝国が存続した．

4）　ティムール後の世界＝オスマン帝国の成立

　1369年には，ジンギスハーンの子孫を名乗るトルコ系のティムール（足が不自由だったことからあだ名でTamerlaneと呼ばれることがある）がサマルカンドを首府として初期のオスマン帝国，ペルシャ，インドなどの広大な地域を支配してティムール帝国を築いた．しかし，1405年に明への遠征の途上ティムールが急死すると同国の勢力が急速に低下し，かわってオスマン帝国が後継国家として大発展を遂げることとなった．

　13世紀後半に北西アナトリアのトルコ系遊牧民出身のオスマン・ベイに率いられた戦士集団（ガーズィー）が頭角を表し，オスマン公国を形成した．オスマン・ベイは1299年にオスマン帝国を興し，オスマン一世を名乗った．この頃から，遊牧中心の生活から農業を中心とした定住生活に移行したものと思われる．14世紀半ばには隣接するビザンツ帝国の勢力下にあるバルカン半島に領土を拡大し，ギリシャ，ブルガリア，セルビアなどを占領した．1453年にはオスマン帝国皇帝メフメト二世が，ビザンツ皇帝コンスタンティノス十一世からコンスタンチノープルを奪取し，ビザンツ帝国の後継国家となった．ギリシャ正教会の大会堂だった壮大な聖ソフィア教会はイスラームのモスクに改装された．コンスタンチノープルはイスタンブールと改称さ

れ，小アジアとバルカン半島にまたがるオスマン帝国の首都となった．オスマン帝国はさらにセリム一世の時代の1517年にシリアとエジプトを征服し，紅海経由の貿易ルートを確保した．地中海におけるオスマン帝国の存在感は高まった．

ティムールの息子バーブルはサマルカンドからアフガニスタンへ，さらにインドに進出し1526年にムガール帝国を創設した．この結果，アンダルシアはレコンキスタによって失ったものの，17世紀から18世紀にかけて，アナトリアはもとより，アラビア半島，エジプトからバルカンに及ぶオスマン帝国をはじめとし，イランからイラクに及ぶサファヴィー帝国，アフガニスタンからインドに及ぶムガール帝国の三大イスラーム帝国がそろい踏み状態となった．

その後もオスマン帝国の北方への拡大は続き，16世紀前半には，1521年にベルグラードを征服，1526年にモハーチの戦いに勝利しハンガリア高原・ブダを征服し，1529年にスレイマン一世は自らの軍を率いてウイーンを9月，10月の2か月にわたって包囲した．

(2) イスラームの先進性と科学革命

1) イスラームの先進性

中世末期から初期近代にかけての西ユーラシアにおいて最もダイナミックな発展を遂げていたのはイスラーム世界であり，ヨーロッパはそれへの対応に追われた．1031年頃から本格化したレコンキスタ（キリスト教徒によるスペイン国土回復運動），1096年から1270年まで7次にわたって行われた十字軍，オスマン帝国による1529年の第一次ウイーン包囲への対応，地中海の覇権がかかった1538年のプレヴェザの海戦（オスマン側が勝利した），などが顕著な例である．

14世紀にはモンゴル帝国の崩壊とヨーロッパにおける黒死病の蔓延によりユーラシア大陸を横切る陸上のシルクロードによる東西交易路は一時的に崩壊したが，その後イスラーム世界の中心地となったオスマン帝国は，イス

タンブールを首都として西ユーラシア大陸の中央部に進出し，復活したシルクロード貿易と地中海貿易，インド洋，東南アジアの交易の結節点を握ることによって当時の国際的な商業の利益を最大限に享受しうる立場に立った．このような意味における経済的発展力においても，ヨーロッパに先んじて確立された中央集権的な国家統治力においても，またイエニチェリという独特の組織原理に支えられた軍事力においても，当時のイスラーム世界は当時のヨーロッパにくらべ優位に立っていたことは広く認められている．

2) 科学革命を可能にしたイスラームの学問水準

上記のようなイスラーム世界の拡大を支えたのは，イスラームの高い学問水準である．イスラーム世界の学問水準が高く，ヨーロッパへの学問移転が行われ，このことがヨーロッパにおけるルネサンスと科学革命をもたらしたことも周知の事実である．ここでは主として科学上の学問移転を取り上げよう．イスラーム世界は主にギリシャ，ビザンツ，中国，インドから学問を受け継いでおり，得意分野は，数学，天文学，医学，哲学である．それらの学問的成果は，9世紀のバグダッドにあった「知恵の館」，11世紀にカイロにあった「知識の館」，アレクサンドリアにあった「図書館」，コンスタンチノーブルからの亡命者，レコンキスタ期にイスラーム教徒から奪回されたトレド（1085年），コルドバ（1236年），セビリア（1248年），グラナダ（1498年）などから，多様な経路により長期にわたって伝えられた．ユークリッド，アリストテレス，プラトン，などの古典がラテン語，アラビア語に翻訳されて伝えられた場合もあるし，イスラーム教やユダヤ教信者の学者・研究者によるそれらの新解釈や独自の新発見が伝えられた場合もある．

一例を挙げれば，ポーランド人のコペルニクスは若い時に南イタリアのパドヴァ大学に入学し，ギリシャから伝えられていたプトレマイオスの精緻に組み立てられた天文学＝天動説と，これに批判的なアラブ人学者の最新の学説を学んだが，その後さらに研究を深め1543年に出版された「天球の回転について」において革命的な地動説を発表した．この学説はガリレイによっ

て実証され，ニュートンらによって確立された近代科学の先駆となった．医学の発展と病院施設の充実も目覚ましく，アラブ医学の教科書はヨーロッパで 17 世紀に至るまで標準的なテキストとして使われていた．医学の発展も目覚ましくまた新しい病院施設も充実していて，ヨーロッパ各地からの見学者があとを絶たなかったといわれている．印刷術，紙，火薬，羅針盤を使用した航海技術，繊維機械などの技術も中国からイスラーム・イタリア経由などで伝えられたものが多い．これらの知識や技術の移転が行われたことがヨーロッパの学芸・文化の水準を一挙に引き上げ，地理的にも近いイタリアに始まるヨーロッパのルネサンスと科学革命が開花することになった．

(3) オスマン帝国と「宗教改革」との深いかかわり
1) サン・ピエトロ大聖堂の改築と贖宥状

1453 年のコンスタンチノープルの陥落はローマ教皇庁にとっては衝撃的な出来事だった．宗派こそ違ってもキリスト教の総本山だったコンスタンチノープルのギリシャ正教教会が光り輝くイスラーム教の教会に改装されたのに，ローマのカトリックの総本山であるサン・ピエトロはそれに引きかえみすぼらしい姿をさらしているのはいかにも情けない光景だった．サン・ピエトロ寺院の建て替えの計画が練られ，かのミケランジェロもそれに参画した．工事はユリウス二世が礎石を置くことによって 1506 年に着手された．ルターが北ドイツの小都市ウィッテンベルグからローマに向かって旅立ち帰郷したのは 1510 年のことであった．1513 年には教皇ルイ十三世がサン・ピエトロ大聖堂の建設費用を賄うための贖宥状の販売を正式に認可し，1517 年 3 月から贖宥状の個人販売が開始された．ルターがウィッテンベルグで 95 箇条の論題を発表したのはこの年の 10 月のことであった．贖宥状の問題は確かに重要な問題だったがなぜ一地方都市に起こった抗議運動が全帝国的な危機，ひいては全ヨーロッパ的な危機を招いたのか？　宗教改革の問題はもっと大きな問題の一部だった．

2） 国際政治情勢と宗教改革

神聖ローマ帝国は群雄割拠の状態で地方諸侯の力が強すぎ，皇帝の権威が地方に十分浸透しにくかった．したがって教会がある程度統治機能を代行していた．したがって宗教問題が政治化する基盤があったともいえるが，いずれにしても皇帝は地方諸侯に依存する程度が大きかった．とくに皇帝の選出は7人の選帝侯の投票に依存していた．

ヨーロッパの国際政治情勢はこの時期に難しい問題に直面していた．マクシミリアン三世の逝去にともなう神聖ローマ帝国の新皇帝の選挙の時期が近づいていたのである．候補者はマクシミリアンの孫，ハプスブルク家の家長でスペイン国王を兼ねるカール一世とフランス国王フランソワ一世の二人に絞られていた．ルターの大学と教会があるウィッテンベルグが属するザクセン州のフリードリッヒ選帝侯（賢帝）も候補の一人だったが選挙戦の早い時期に候補を辞退していた．一方のフランソワ一世は直前のイタリア戦争（1494-1559年）でイタリアの捕虜になるという不運に見舞われたが，帰還して捕虜時代の約束を反故にして国益を守った押しも押されもせぬフランス国王である．両候補は神聖ローマ帝国皇帝の座をかけて激しく競い合っていた．

しかし，もっと大きな問題があった．それはオスマン帝国のスレイマン大帝もヨーロッパの支配をめざして着々と地歩をかため，ハンガリーまで手中に収め今やウイーンに目標を定めている．いち早く中央集権体制を完成させ，しかも強大な軍事力を持ったオスマン帝国にくらべ，神聖ローマ帝国は群雄割拠の地方分権体制のもとにあり，軍事力も劣っていた．

他方第三勢力ともいうべきフランス・ヴァロワ家のフランソワ一世は，ハプスブルク家の家長であるカール一世が選挙に勝って神聖ローマ帝国の皇帝を兼ねることになれば全ヨーロッパに及ぶ強大な権力を手中にすることに警戒を深めており，これを阻止するために神聖ローマ帝国に脅威を与えているオスマン帝国のスレイマン大帝との連携を深めていた．主たる連携の場は地中海にあった．ハンガリーをめぐる地上の戦いと並行して地中海ではスレ

イマンが任命（1533年）したバルバロッサ提督が率いるオスマン帝国海軍とカール大帝の海軍との間で熾烈なせめぎ合いが行われていた．こうした中でフランソワ一世は1543年から45年にかけてオスマン海軍にフランスのツゥーロン港の使用を認めるなどの協力を行っていた．すなわち，オスマン帝国の実力が高まるにつれヨーロッパはイスラーム勢力を敵視するだけにとどまらず，すでにヨーロッパ，非ヨーロッパの間に外交的・軍事的な協力関係すら発生していた．こうした関係は従来のヨーロッパ史では十分認識されてこなかったが近年の史料研究によって明らかになってきている（章末の文献リスト参照）．

　カール一世も選挙で勝利するためにはルターを支持する諸侯の勢力を敵に回すのは得策でないとの配慮から，ルターに対する厳しい処分を控え，ルターの立場を一部認めざるをえない事情もあった．いろいろなせめぎ合いの結果，有力7侯からなる「選定侯」による選挙の結果カール一世が1519年に神聖ローマ帝国皇帝に選出された．ハプスブルク家を支えてきたフッガー家の資金がカール側に動いた結果であるといわれている．1921年に行われた選挙後の新帝国議会ではルター派の主張は打って変わって厳しく退けられることとなり，ルター派がそれに抗議したことからプロテスタントと呼ばれるようになったといわれる．結局，ルターは破門されたにとどまりそれ以上の罰は受けなかった．これはルターがフリードリッヒ・ザクソン侯の庇護を受けていたいたことにもよるが，オスマン帝国の攻勢をめぐるヨーロッパ内のせめぎ合いがなかったらルターの抗議に対して当初時点ではるかに厳しい処分が断行されたものと思われ，上記のような国際政治情勢がルターらの宗教改革に有利な影響を与えたものと思われる．神聖ローマ帝国固有の政治改革の遅れやイスラム問題を含む国際政治上の諸問題がなければルターの宗教改革はひとつのローカルな問題として処理されていた可能性がなかったとはいえない．

3) イスラーム教と宗教改革

1529年の9月末から10月中旬までスレイマン軍はウイーンの包囲を続けたが結局戦いを交えることなく撤退した．ルターがコーランを読んだのはイスラーム軍撤退後だったが，イスラーム教の教義をかねてから研究して理解していた．ルターが行った宗教改革の主張は，

① 個人は神と直接的な関係を持つのであって，僧侶や聖人や教皇の仲介を要しない
② 信仰によるのみ，信仰を厚くするには聖書を読むこと
③ 贖宥状によって罪を減ぜられるなどの弁明は無意味

の3点に要約できるが，贖宥状問題を除けばイスラーム教の教えときわめて類似している．さらにイスラーム教における偶像崇拝の排除，宗教関係者の官僚化の排除などの慣行もルターの主張と軌を一にしている．この意味でイスラーム教は教義的にも，宗教慣行的にも，キリスト教の宗教改革に大きな影響を与えたといえる．ルター自身も，ウイーン包囲が始まる前まではイスラーム勢力と戦う前にローマ法皇庁と戦うべきだといい続けていた（章末の参考文献参照）．

イスラームの宗教改革に対する影響は前述のようにイスラームとの国際政治や軍事上の影響を通じて拡大深化した面が大きく，その意味で宗教改革がヨーロッパ域内で完結した宗教現象でないことは明らかと思えるが，教義の面でもイスラームと共通面があったことに留意しておきたい．

2. 宗教改革と分裂するキリスト教世界

(1) ヨーロッパの宗教戦争

宗教改革の動きははヨーロッパの各地に拡がったが1540年代にスイスで始まったカルヴァン主義の影響力が大きかった．カルヴァン主義は勤労の価値を積極的に評価するものと受け取られたため当時台頭しつつあった商工業

者の圧倒的な支持を得た．カルヴァン派はフランスでユグノー派と呼ばれたためユグノー派という呼称が他国でも用いられている．

　宗教改革は16世紀から17世紀にかけてヨーロッパに激しい宗教的分裂と宗教戦争をもたらした．神聖ローマ帝国内の宗教改革派の諸侯が結成したシュマルカルデン同盟と皇帝カール五世との間の戦争（1546-47）を皮切りに，フランスでは1562年から1598にかけて「ユグノー」戦争といわれる内乱（「ナントの王令」で一応決着）が起こったし，ドイツを主戦場としフランス，スエーデンなどヨーロッパ各国を巻き込んだ「三十年戦争」が1618年から始まり，1648年のウエストファリア条約の締結に至るまで続いた．この二つの戦争による死者は1,000万人に達した（ピンカー）．40年に及んだオランダのスペインからの独立戦争（1618-48年）も宗教戦争の性格が強かったし，イギリスの名誉革命（1688-89年）は一種の宗教革命だったともいえよう．次に最後の二つのケースについてやや詳しく述べてみよう．

(2)　オランダ独立戦争とオランダ・モデル

1)　ハプスブルク家はいかにしてオランダとスペインを手に入れたか？

　14世紀半ばに，現在の東フランスにフランス王家の分家として出発したブルゴーニュ侯国は，現在のベルギー，ルクセンブルグ，オランダに支配圏を拡張し，1477年には最大の版図に達したが，ブルゴーニュ家のシャルル突進侯が同年没し，娘マリーが後継侯になると，ブルゴーニュはフランスに帰属することになり，現在のオランダにあたる低地地方は大幅な自治権を与えられることとなった．マリーはハプスブルク家のマクシミリアン王子と結婚し，上記地域はハプスブルク家の支配下に入った．夫妻は長男フィリップ，長女マルガレータをもうけた．まもなくマリー侯が急死したためフィリップが3歳で伯位を後継すると，マクシミリアンの父にあたるマクシミリアン一世が1486年に摂政に就任し，ハプスブルク家との関係はいっそう深まった．

　一方スペインでは，カステーリヤ女王イサベル一世とアラゴン王フェルナ

ンド二世夫妻による共同統治が1479年に始まった．両王は1481年に，イベリア半島におけるイスラーム最後の牙城であったグラナダ王国のアルハンブラ宮殿を占領し，800年近く続いたレコンキスタを完成させ，この功績により両王はローマ法王から「カトリック両王」の称号を授与された．両王は5人の子供をもうけたが，長女イサベルと3女マリアはポルトガル王家に，4女カタリーナはイギリス王家（ヘンリー八世）に嫁いだ．長男ファンと次女ファナがハプスブルク家と婚姻関係を結ぶことになる．

スペインの王位継承者＝皇太子ファンはブルゴーニュ家のマクシミリアンとマリー夫妻の長女マルガレータと結婚したが，1497年にファンは急死した．次女ファナは1496年に18歳になったフィリップと結ばれた．1504年，スペインのイサベル女王が死去し，もう一人の国王だったフェルナンド二世が摂政となったため，唯一の跡取りとなったファナが女王に即位することになったが，夫フィリップが自らの即位を強硬に主張したため1506年に共同統治ということで決着した．ところが同年フィリップが死去したため，ファナが単独の国王となった．ファナは夫フィリップの死後発狂したため，1555年，75歳で死去するまで46年間幽閉されたままスペイン国王であり続けた．

この間，ファナとフィリップのブルゴーニュ時代に生まれ育った長男カルロスが，1516年にブリュッセルでスペイン王カルロス一世として16歳で即位した．ただし正式の国王はファナだったので王権の代行者だった．ファナの死後正式にスペイン国王として即位した．1519年，祖父マキシミリアン一世死去の後を襲って神聖ローマ帝国皇帝に19歳で選出された（神聖ローマ帝国皇帝としてはカール五世を名乗った）．かくしてカール一世は，オーストリア，低地地方を含むブルゴーニュ，スペイン，スペインの新大陸領にまたがる巨大なハプスブルク帝国の皇帝を1555年に引退するまで務めたのであった．

2) オランダ独立戦争と覇権国オランダ

16世紀前半からヨーロッパの各地で宗教改革が進む中で，宗教上の寛容

度が高い低地地方にも 16 世紀前半から多数の新教徒が流入するなど，その影響が及んでいた．1555 年のアウグスブルク宗教会議では，領域毎に領主が宗教を定める自由が合意されたが，個人の信仰の自由が認められたわけではなかった．カール一世を継いだフェリペ二世はスペインの猛将アルバ侯を執政に据えて，異端審問による処刑，新教徒に対する死刑執行（「血の布告」）などをはじめとする弾圧を一段と強化した．この時死刑を執行された貴族エグモントを悼んでベートーベンは「エグモント序曲」を作曲した．

スペインはフランスとの戦争や低地地方への派遣軍の戦費に耐えられず国家破産に陥ったため，低地地方に増税を課した．派遣されたスペイン兵士に対する給料の支払いも滞り，1576 年には本国からの給料の遅配に怒ったスペイン兵士がワントアープで大規模な略奪・暴行・放火を行い 7,000 人余りが虐殺され，交易の集散地機能が破壊されるという事件が起こった．この後アントワープを含む南部諸州はスペインについたが，集散地機能はアムステルダムに移り，北方の低地地方の抵抗運動は激化した．低地地方を代表する貴族オレンジ家のウイレム一世が抵抗運動を指導し，フランス国王アンリ三世，イギリスのエリザベス女王の招請などの模索が行われた後，1586 年に北部 7 州による連邦議会を基本とした国王なき連邦国家，オランダ共和国が成立した．抵抗運動中 1584 年に暗殺されたウイレム一世にかわって次男マウリッツが最大州であるホランドなどの総督に就任し，1596 年には英仏との三国同盟が成立した．1598 年にフェリペ二世が死去し，息子のフェリペ三世に交替したこともあって，戦費の調達に悩むスペインとオランダの間で開戦後 40 年の 1609 年に 12 年間の休戦条約が締結され実施された．この期間にオランダ経済は海外進出が容易になったため大発展を遂げ，スペインにかわってヨーロッパの覇権国の地位を確立した．

この後両国間の戦争は 1621 年に再開され，最終的に 1648 年のミュンスター条約で和平が結ばれ，同時に三十年戦争を終結したウエストミンスター条約でオランダが独立国家として正式に承認されることになる．しかし，休戦に至る 40 年間で大勢は決し，オランダは黄金時代を迎えるので，この期

間を「オランダ革命」と呼ぶのがふさわしい．従来この時期またはミュンスター条約までの80年間を「オランダの反乱（Revolt）」または「オランダ独立戦争」と言い習わしてきたが，オランダ人は「日の沈むことのない」世界的な大帝国に血縁によって併合され，「反乱」中は「乞食」とまで見下され，理不尽な大虐殺を蒙っても不屈の精神で耐えることによって独立を達成し覇権国家の地位を確立したのだから，「反乱」では事態を矮小化しすぎるだろう．「戦争」といっても独立以前のオランダは正規軍を持ちえなかったのだから通常の国家間戦争でもない．革命を短期的，突発的な事象だけに限定しなければならない格別の根拠も見当たらない．したがってこの40年に起こったことを「オランダ革命」と呼ぶことも可能だと考えられる．

3) 初期近代へのオランダ・モデル

「オランダ革命」の経過をみるとヨーロッパの初期近代（16-18世紀）にオランダがいくつかの点でユニークで革新的なモデルをもたらしたことに気がつく．

第一は，スペインやフランスに典型的にみられた絶対主義という中央集権型の権力構造とは対極にある分権的かつ議会中心の政治形態を維持したことである．独立性の高い各州議会とその連合体の力が強く，国王権力は不在または限定的だった．

第二は，宗教的寛容が維持されたことである．このことが多様な人材をオランダに惹きつけた．新教徒系の技術者，事業家が集まったし，無神論者スピノザはこの地で天体望遠鏡のレンズを磨くという平穏な生活を送りながら過激な著作を書き残すことができた．デカルトもこの地に移り住んだ．こうしたことが，宗教的な対立による戦争や相互殺戮からヨーロッパが脱却するうえで果たした役割は大きい．鎖国中の日本との交易が可能だったのもオランダが国教としての宗教を持たない唯一の国だったからである．

第三に，同じ脱宗教化＝世俗化が17世紀科学革命といわれる自然科学の発展に寄与したことである．技術面でも農業，紡織，造船，光学機械などで

ずば抜けた水準に達していた．

　第四に，北海の穀物やアジアの香料の集散地として莫大な利益を挙げると同時に，交易にともなう金融業をいち早く発展させ，世界の中央銀行の原型を築いたことである．またスペインやフランスのような絶対主義国家が陥ったように軍事費を特定の有力な金融業者の融資で賄ったあげく，国家破産に至るという筋道をはなれ，国債の発行によって国の内外の資金を集めるという方法を開発したことである．

　こうしたオランダ・モデルは，1688年に自らイギリスに乗り込んだウイレム三世とその部下を通じてイギリスに直接伝えられ，イギリスの政治・金融経済の発展に決定的な影響を与えた．

(3)　名誉革命前夜――英仏蘭の葛藤とその行方

1)　イギリスにおける「革命」

　17世紀においてイギリスが近代化に向けての「分水嶺」としての革命的な変化を経験したことは間違いないが，それが何時だったのかについては二つの候補があった．ひとつは1649年のピューリタン（清教徒）革命であり，もうひとつは1688年の名誉革命である．少し前までピューリタン革命が有力候補だった．しかし最近では17世紀後半の複雑なヨーロッパの国際情勢の展開と，その中で生まれた「名誉革命」により大きな意義が認められている．次にピューリタン革命から始めて名誉革命前夜の緊迫したヨーロッパ国際情勢について簡略に述べてみたい．

2)　ピューリタン革命からから王政復古へ

　1625年に即位したチャールズ一世はかねてから国王と対立してきた議会を1629年に解散し，以後11年間議会を開催せず専制政治を布いたうえ，増税やピューリタンの弾圧を行ったため，1642年に至って国王派と議会派の間に内戦が起こった．1645年に議会派がいったん勝利したものの，1648年に第2次内戦に入り，今度はクロムウエルの活躍により議会派が決定的な勝

利を収め，1649年にチャールズ一世が処刑され，共和制に移行した．クロムウエル政権は，チャールズ一世の娘メアリが嫁いだオランダのウイリアム二世が1950年末に没して無総督時代に入ると，大代表団をオランダに派遣してオランダとの合併または同盟を求めたが，オランダの同意が得られず交渉は不調に終わった．この後，クロムウエルは植民地などからの物品のイギリスへの輸送をイギリス船に限る「航海法」(第1次．1651年)を制定した．これに対し貿易の自由を主張するオランダとの間に第1次英蘭戦争(1652年)が起こったが，イギリス優勢の中ウエストミンスター条約(1654年)で終結した．クロムウエルはカリブ海に軍艦を送ってジャマイカをスペインから奪取し植民地進出を果たした(1655年)．1657年にはフランスとの間で同盟条約が締結され，スペインの大西洋岸を共同して攻撃した．

1653年に護国卿に就任していたクロムウエルは次第に軍事独裁者的性格を強め，国民の反発が強まる中1658年に天然痘で病没した．クロムウエルの没後，1660年にはルイ十四世のもとに身を寄せていたチャールズ国王の長子が帰国してチャールズ二世として即位した．共和制は11年という短命で終わり，スチュアート朝(後期)が再開された．チャールズ二世は当初は議会の協力を得ながら国教中心の宗教政策をとったが基本的にカトリック信仰とルイ十四世流の絶対主義国家をめざした政策をつらぬいた．航海法(第2次)は1660年に強化された．貿易と北米の植民地問題をめぐって第2次英蘭戦争(1665-1667年)が起こった．イギリスはアメリカのマンハッタン島にオランダが持っていたニュー・アムステルダムを奪取してニューヨークと改名するなど，アメリカ大陸の植民地支配を拡大したが．1665年のペスト流行，1666年のロンドン大火で国力の低下したイギリスはテームズ川を遡上するオランダ軍艦からの攻撃に悩まされ，航海法について一部緩和を認め，ブレダ条約(1667年)でオランダと講和した．

3) ウエストファリア条約とルイ十四世の領土的野心

この間の大陸情勢をみると，1568年から80年間続いたオランダ独立戦

争（対スペイン）と 17 世紀前半のドイツを主戦場として行われた三十年戦争（1618-1648 年）の両方を終結させるウエストファリア条約が 1648 年に締結された．同条約は主権を有する領域国家を中心とした近代的国際秩序を確立したとの評価が一般的であるが，その後の国際関係の展開をみると，ハプスブルク家の存在感は依然大きく，秩序よりも戦闘状態が激化したのであって，この条約は近代への転換の一段階ではあっても，ヨーロッパにおける近代への胎動の一通過点であったにすぎなかった．

三十年戦争の中で 1634 年にオーストリア・スペイン連合軍がスエーデン軍を破ったことから，ハプスブルク家に対抗する必要を感じたフランスは，宗教的にはカトリック国同士であるにもかかわらず 1635 年スペインに対して戦争を開始した．この戦争（フランス-スペイン戦争）はウエストファリア条約後も継続されていた．この戦争の結果，1659 年のピレネー条約によって，カタルニャの 5 分の 1 がフランスの領土となり，同時にルイ十四世とフェリペ四世の王女マリー・テレーズの莫大な持参金付きの結婚が取り決められた．

1661 年にルイ十四世が親政を開始するとフランスの領土的関心はいっそう強まった．1665 年にスペインのフェリペ四世が没すると，ルイ十四世はフェリペ四世の王女だった王妃マリー・テレーズのオランダ南部（フランドル）の遺産相続権（devolution）を主張して 1667 年にこの地に侵攻した．これがフランドル戦争（遺産帰属戦争，ネーデルラント戦争ともいわれる）であり，「ルイ十四世の第一の戦争」と呼ばれる．オランダはイギリス，スエーデンとともにプロテスタント三国同盟を結成してこれに対抗し，1668 年にアーヘンで和約を結んだ．その結果フランスはフランドルの一部を獲得した．

4） ドーバーの秘密協定と仏英のオランダ侵略戦争

フランスはなおもオランダ北部への侵略を進めるべく，財政難に苦しむイギリスに資金援助を行うことにより共同作戦を展開する方針をかため，イギリスとの秘密条約の締結に踏み切った．これがルイ十四世とチャールズ二世

（両名はいとこ同士）で交わされたドーバーの秘密協定（1670年5月）である．この協定は（1）イギリス国王がカトリックに改宗すること，（2）オランダに対し共同して宣戦布告を行い，他方の国の同意なしに休停戦／平和条約を結ばないこと，（3）戦争継続中毎年フランス国王がイギリス国王に300万フランス・ルーブルの供与を行うこと，（4）必要に応じ歩兵6,000名までの供与を行うこと，などが細かく書き込まれたものであった．

ドーバーの密約に従い，イギリスが1672年2月に，フランスも3月に，相次いで宣戦布告し，オランダ侵略戦争に突入した．フランスの戦争は対オランダ戦争と呼ばれている．イギリスの戦争は第3次英蘭戦争と呼ばれる．第1次，第2次英蘭戦争が貿易と植民地をめぐる紛争だったのとは異なり，第3次英蘭戦争は，ドーバーの密約に基づいた，大国フランスとの合作による純然たるオランダ侵略戦争の一部だった．フランスが主に陸上戦を担当し，イギリスがその海軍力を駆使して主に海上戦を担当した．

英仏両国から攻撃が開始された1672年はオランダの「災厄の年」といわれる．オランダは再び窮地に立ったが，ウイリアム三世を5州総督に据えて猛反撃を開始した．イギリスは，厳重に伏せられていたドーバーの密約の存在と内容が明るみ出るに及んで（当時のヨーロッパ主要国では週刊紙が普及しておりニュースの伝達はすみやかに行われていた），政府はあわててその時点で条約が新たに結ばれたことにする粉飾を行ったがかえって火に油を注ぐような効果しかなく，国民の戦意と国王に対する支持は著しく低下した．このためイギリスは早くも1674年2月にオランダと単独講和（ウエストミンスター条約——第2次）を結び，対オランダ戦争から脱落し，12月にはオランダとの間に新通商航海条約を結んだ．

一方フランス軍はルイ十四世が陣頭指揮に立ち1672年6月に東方からライン川を渡りオランダの中心地に迫った．1672年2月に陸軍最高司令官に任命され，同年7月にオランダ5州総督に指名され陣頭指揮に立つウイリアム三世のもとで戦うオランダ軍は，侵入してくるフランス軍を，干拓地に洪水を起こす作戦を用いるなどによって撃退した．当時34歳のルイ十四世と

堂々と渡り合い，しかも敗走させた弱冠21歳のウイリアム三世の名声と政治的影響力は著しく高まった．ウイリアム三世が，ジェイムズ二世（当時はヨーク公として国王継承順位第1位にあった）の長女メアリ二世（ウイリアム三世とはいとこ同士）と1677年11月に結婚したのはこのような状況下においてであった．1678年8月には最終的にネイメーヘンの講和条約により戦争は終結した．

5) ナントの王令廃止と「信仰自由宣言」

チャールズ二世は，議会がカトリックの弟ジェイムズを後継者から外す「排除法」を成立させようとするのを懸命に阻止していたが，1685年6月に臨終間近の床で正式にカトリックに改宗しルイ十四世との約束を守って死去した．弟のジェイムズ二世は国家と教会の現状を維持すると議会で述べて同月即位した．この直後の同年10月にルイ十四世はナントの王令を廃止した．ナントの王令は1598年にルイ十四世の祖父アンリ四世が，宗教的内乱を終結させるために自らカトリックに改宗することによってユグノー派に信教の自由を認めた王令である．ルイ十四世はかねてからユグノー派に迫害を加え改宗を迫り，かなりの改宗者が出たことに力を得て勅令の廃止に踏み切ったものである．弾圧は激しさを増し，多くのユグノー派の難民がオランダやイギリスに脱出した．ジェイムズ二世はルイ十四世に同調し，イギリス国内でのユグノー派の弾圧に乗り出した．ジェイムズ二世は「審査法」で禁止されているカトリックの士官の常備軍への起用を実現するため，同法の適用除外規定によりこれを強行した．1687年4月には国王大権により「信仰自由宣言」を発し，国の要所をカトリック教徒でかためようとした．あくまで抵抗する議会をジェイムズ二世は1687年7月に解散した．次に議会を正式に招集したのは1689年2月にイギリスの共同王位についたウイリアムとメアリだった．

(4) 名誉革命または「1688年の革命」

1) 岐路に立つイギリス：

1685年チャールズ二世の死去にともない，チャールズの弟ジェイムズがジェイムズ二世として即位した．ジェイムズ二世はカトリック信者であると同時に，フランス的な絶対主義の信奉者でもあったため，チャールズ二世存命中からジェイムズを後継者から排除する「排除法」を成立させようとする動き（ホイッグ派）があったが反対派（トーリー派）の反撃にあって奏功しなかった．即位したジェイムズ二世はカトリックの合法化のために「信仰自由宣言」を発するなどカトリック化とフランスに範をとった絶対主義化政策を公然と進めた．

1688年6月10日にジェイムズ二世に男子エドワードが生まれた．このままゆけばイギリスは現国王およびいずれは国王になるエドワード王子のもとでフランスという強大な絶対主義国家，しかもカトリック国家の属国になってゆく可能性が高まったことから，イギリス国民の将来への危惧が募った．

これ以前の段階では，オランダのウイリアム三世に嫁いだメアリ（ジェイムズ二世の娘．プロテスタント慰撫政策上プロテスタントとして養育された）を女王に招くというのがホイッグ派の有力な案であったが，メアリが嫁いだオランダのウイリアム国家元首（State Holder）をイギリス国王に迎えようという機運がイギリスの将来を危惧する国民や政治家の間に一気に高まった．

2) 届いた1通の密書

同年6月30日，これに賛成するホイッグ派の指導的な立場にある上院議員有志ら7名がウイリアム三世に1通の極秘の書簡を届けた．7名の名前は暗号化されていたがホイッグ派上院議員ほか1名の有力者で，ウイリアム三世に，来英して国民を救うことを請う招請状だった．密書を受け取ったウイリアムは早速極秘裏にイギリス上陸作戦の準備に入った．

ウイリアム三世はイギリスの懸念を共有すると同時に，自国へのフランスからの軍事的脅威に警戒を強めていた．フランスは1661年にルイ十四世の

親政開始後国家予算における軍事費の割合を高め，常備軍の増強に努めていた．宗教上でも1685年の「ナントの王令」廃止にみられるように反宗教改革の動きを強めていた．ウイリアムは，同じくフランスの領土拡張政策の対象となっていたドイツ諸邦を代表する神聖ローマ帝国のレオポルド一世らと，アウクスブルク同盟を結成して，ルイ十四世に対峙していた．ウイリアム三世にとっては，イギリスが再びフランスと手を結びいっそう強大化するのを未然に防止するためイギリスと手を結ぶことが自国の安全保障上も必要であった．

3) ルイ十四世の油断

ウイリアムのこうした動きに対して，ジェイムズ二世は十分な注意を払うことなく，またルイ十四世はドイツ方面への侵攻作戦に注力するあまり，ウイリアムの動きにさしたる注意を払わなかった．9月になって初めてイギリスに対する軍事行動はフランスに対する戦争行為とみなすと在仏大使を通じて警告した．ウイリアム側は仏英間に第3次英蘭戦争時の「ドーバー条約」のような密約があるのではないかとの疑惑を抱き，さらに入念に対英侵攻準備を進めた．

ルイ十四世はここで二つの作戦上の誤りを犯した．ひとつはオランダからの輸入に高関税を課し従わないオランダ船を拿捕するという強硬措置に出てオランダ国民を憤激せしめたことである．もうひとつは，ウイリアムとイギリスのホイッグの内密の行動をよそに，9月にプファルツ，ケルン，マインツにおける軍事行動の開始に踏み切ったことである．こうして「アウグスブルク同盟戦争」の火蓋が切られた．この戦争はその後9年間も続いたので「九年戦争」とも呼ばれる．ウイリアムにとってはフランスのイギリス防衛が手薄になることは侵攻のまたとないチャンスの到来を意味した．

4) 名誉革命

極秘裏に着々と準備を重ねたウイリアム三世は10月，連邦議会の承認を

取り，軍艦53，輸送船400，将校・兵士2万1,000名，軍馬5,000頭を乗せたオランダ艦隊が出撃した．ウイリアム自身も，ジェイムズ二世の妹にあたる妻メアリに遺書を託して司令艦に乗り組んだ．しかし嵐のためいったん引き返し11月に再度出航し，無事イギリス南部のトーベイ湾に上陸した．迎え撃つはずのイギリス艦隊はほぼオランダ艦隊と同規模であったが，風向きの関係でオランダ艦隊の入港を交戦によって阻止することができなかったことがイギリス国王に報告された．上陸したウイリアム軍は規律正しく行進しロンドン近郊に到達した．イギリス側の総勢4万人を数える地上軍との交戦はまったくなかった．ジェイムズ二世は妻子をまずフランスに脱出させ，数日後自らもセント・ジェイムズ宮殿を去ってパリ郊外のサンジェルマン・アン・レ宮殿でルイ十四世に迎えられた．ウイリアムはジェイムズ二世の安全を確保し，退去にあたっても深追いすることはなかった．ウイリアムは上陸直後に宣言文を大量に印刷配布し，その中で英国民が権利と自由を合法的な政府のもとで享受すべきことを謳っていた．翌年開催された仮議会は，ウイリアムの基本的な思想を受け入れ具体化した「権利宣言」を決議し，議会優位の国家運営を確認した．議会は同時に，前国王が「退去」したことを認め，ウイリアムとメアリをイギリス史上初めての共同君主に任じた．ウイリアムはこの時からウイリアム三世と呼ばれるイギリス国王になったが，オランダの元首も兼ねていたので一種の同君連合が成立した．「権利宣言」は同年11月に「権利章典」として法制化された．（注．ウイリアムはオランダのStateholderであり通常「総督」と訳されているが，「総督」は列強が派遣する植民地の長を指すことがあり，混同を避けるため本章では「元首」と呼ぶこととした．）

5）ルイ十四世の戦争

名誉革命後のイギリスでは，1689年4月にフランスの支援を得たジェイムズ二世がアイルランドに上陸し王位奪還を狙った．このためイギリスは同年5月にフランスに宣戦布告を行い，1691年にアイルランドを制圧した．翌1692年にフランスは77隻の艦隊を送りトーベイ湾から2万人のフランス

軍をイギリス本土に上陸させる作戦に出たが，英蘭連合艦隊はフランス艦隊を海上で撃退し，ノルマンディーの港に退避したところで攻撃を加えフランス艦隊に壊滅的な打撃を与えた．

　他方，1688年9月に始まったルイ十四世のドイツ方面侵攻は着々と進み，プファルツ選帝侯の首都ハイデルベルクをはじめシュツットガルトなどの諸都市を占領するに至っていた．神聖ローマ帝国皇帝は1689年1月にフランスに対し宣戦布告を行っており，ウイリアム三世も，1689年2月にオランダ元首としてオランダ連邦議会の議を経てフランスに宣戦布告を行った．同年5月のイギリスの参戦に加え，国王後継問題を抱えるスペインらも加わって，ドイツ諸侯間の同盟だったアウグスブルク同盟はヨーロッパ「大同盟」へと発展した．ルイ十四世軍は進撃を続け1692年にはナミュールに要塞を築き戦況は長期化したが，1695年にウイリアム軍によってようやく奪回された．フランスは財政困難と，スペインのカルロス二世の逝去以前に戦争を終結させたほうがスペインの王位継承問題上有利だという思惑もあって，早期和平に傾いていった．同盟側は依然としてジェイムズ二世を支持するルイ十四世によるウイリアムの王位承認を求めて和平交渉が進み，1697年にハーグ近郊のレイスウェイクで和平条約が締結された．ウイリアム三世はイギリスとオランダ両国の国王・元首としてドーバー海峡の往復を繰り返しながら9年にしてようやく内外の難局を乗り切った瞬間だった．

　ルイ十四世は，ジェイムズ二世が1701年9月に死去したのち，ジェイムズ二世の遺児をジェイムズ三世としてイギリス国王と認めるという条約違反の宣言を行ったが，それはイギリスをはじめとする列強のルイ十四世に対する反感を高める効果しか持ちえなかった．ウイリアム三世は落馬の後体力が回復せず1702年3月8日に没した．妻メアリ王は1694年にすでに逝去しており，次期国王にはメアリの妹アンが任じられた．

(5) オランダからイギリスに移る覇権

　名誉革命は議会と政府を中心とした立憲君主制を確立し，スペイン，フラ

ンスおよび革命以前のイギリスのような国王を中心とした絶対君主制と異なる道を開いたものとして高く評価されている．こうした中で，ウイリアム三世が果たした政治的，軍事的な役割は高い評価に値するが，経済面でも当時の最先進国であったオランダがイギリスにもたらした影響は大きかった．オランダは当時の国際商業のリーダーであったのみならず，商業の発展にともなう金融の発展においても世界をリードする存在であった．1609 年にはアムステルダム為替銀行が創設され為替の決済や国際金融において中心的な役割を果たしていた．また戦費の調達を国王と金融業者（フッガー家やメディチ家）の結びつきに頼るのではなく，国債の発行によって賄うという新方式を導入したのもオランダであった．この方法は 1694 年に設立されたイングランド銀行によって実行に移され，オランダからの資金の導入にも役立った．オランダは農業や造船などの分野において技術先進国でありオランダからの技術移転によってもイギリスは利益を得ることができた．

　イギリスは名誉革命を機に奴隷貿易に対する規制の緩和やスペインからの奴隷貿易権の買取りなどにより奴隷貿易を飛躍的に増大させ，カリブ海などの植民地における奴隷労働による砂糖・綿花の栽培と加工などによる膨大な利益によって財政赤字の回収に成功したうえ，インドにおける植民地経営・北米への進出などにより，経済発展への道をひた走ることとなる．

お わ り に

　スレイマン大帝が率いるオスマン帝国は 1529 年のウィーン包囲からの撤退後も 1534 年から 1535 年にかけてイランとイラクを征服，1534 年にはオスマン艦隊がスペイン・ヴェネツィア・ローマ教皇連合艦隊をプレヴェザの海戦で破って地中海の制海権を握る，などの快進撃を続けた．スレイマン大帝が 1566 年に没したのち，1571 年にはレバントの海戦でスペイン艦隊に敗れる，1683 年には第 2 次ウィーン包囲に失敗する，1699 年にはハンガリー・

トランスシルバニアを失う，などの軍事的敗北が続き後退期に入った．しかし，ヨーロッパではスペイン，オランダ，イギリス，フランスと覇権国が推移する中で，オスマン帝国は第1次世界大戦で敗戦するまで500年もの長期にわたって帝国を維持した唯一の国であった．また前述したように，イスラム教と全盛期にあったオスマン帝国の存在が宗教改革に対して及ぼした影響を通じて，ヨーロッパのその後の宗教戦争への突入と覇権の変遷に深くかかわっていたことを銘記すべきであろう．

参 考 文 献

1
(ルター関連)
Francisco, Adams A. (2007), *Martin Luther and Islam*, Brill.
Rublack (2005), *Reformation Europe*, Cambridge.

(イスラム科学関連)
Dallal, Ahmad (2010), *Islam, Science and the Challenge of History*, Yale.
Freely, John (2011), *Light From the East*, Tauris.
Saliba, George (2011), *Islamic Science and the Making of the European Renaissance*, MIT.

(イスラームと宗教改革関連)
Al-Rodhan, Nayef, R.F. ed. (2012), *The Role of the Arab-Islamic World in the Rise of the West*, Palgrave.
Birdal, Mehmet Sinan (2011), *The Holy Roman Empire and the Ottomans*, Tauris.
Brotton, Jerry (2002), *The Renaissance Bazaar*, Oxford.
Caferro, Willim (2011), *Contesting the Renaissance*, Wiley-Blackwell.
Darwin, John (2008), *After Tamerlane*, Bllomsbury.
Goffman, Daniel (2002), *The Ottoman Empire and Early Modern Europe*, Cambridge.
Nexon, Daniel H. (2009), *The Struggle for Power in Early Modern Europe*, Princeton.
Payton, James R. (2010), *Getting the Reformation Wrong*, IVP.
Phillips, Andrew (2011), *War, Religion and Empire*, Cambridge.
Wallace, Peter (2010), *The Long European Reformation*, Palgrave.
Whale, Joachim (2012), Germany and the Holy Roman Empire, Volume 1: 1493–1648, Oxford.
ローガン，ユージン (2013)『アラブ500年史』上，白水社．

（仏・オスマン同盟関連）
Abulafia, David(2011), *The Great Sea*, Oxford.
Isom-Vérhaaren, Christine(2013), *Allies with the Infidel*, Tauris.

（宗教戦争関連）
Greengrass, Mark(2014), *Christendom Destroyed: Europe 1517-1648*, Allen Lane.
ピンカー，スティーブン（2015）『暴力の人類史』上，青土社．

2
Brom, J.C.H. & E. Lamberts eds.(2013), *History of the Low Countries*, Berghabu.
Harris, Tim & Steohen Taylor eds.(2013), *The Final Crisis of the Stuart Monarchy*, Boydel.
Israel, Jonathan I. ed.(1991), *The Anglo-Dutch Moment*, Cambridge.
Onnekink, David ed.(2009), *War and Religion after Westphalia,1648-1713*, Ashgate.
Pincus(2009), 1668 The First Modern Revolution, Yale.
Schwoerer, Lois G. ed.(2003), The Revolution of 1688-1689: Changing Perspectives, Cambridge.
友清理士（2004）『イギリス革命史』上・下，研究社．

第 3 章

中国新疆における清代回部王公の現代

新 免　　康

は じ め に

　本章は，清代のいわゆる「回部王公」がどのように表象化されたかという問題を軸に，近年の中国新疆ウイグル自治区（以下，新疆と略称）における文化動態の一端について検討するものである．「回部王公」というのは，18世紀半ばに清朝が新疆を領域的に統合し，ウイグル人社会を統治する中で，清朝より貴族待遇を受け，「王」（ワン）や「公」（ゴン）などの爵位を世襲で継承したウイグル人有力者の一族を指す．

　現代の新疆における文化状況について着目するとき，1980年代以降，刮目すべき現象が一気に顕在化したことは周知のとおりである．それは，改革開放後の民族・宗教政策の変移を背景として，ウイグル人によるウイグル民族文化の強調，民族史の再構築，民族文化偉人の墓廟など歴史的なモニュメントの建造，民族文学の研究，民族音楽の整備とその演奏活動の推進，などからなり，部分的には自治区政府・地方政府に属する民族エリートや知識人たちの関与のもと，自治区政府の支援のもとに進行した形跡がある[1]．また，その中において一部のウイグル人知識人たちによって描き出された民族史は，公式的な歴史叙述とある種の「競争関係」にあったという説も見られ

る（Bovingdon 2010）．

　これに対し，1990年代になると，ウイグル人の民族曲芸の強調など，80年代からの一連の現象の一環と思われるものが継続する一方で，当該地域と中国王朝とのかかわりを表現するモニュメントの建造が行われた．カシュガル市内における班超記念公園の開設はその典型的な一例であろう．2000年代に入ると，前述のような民族文化の顕著な強調は一段落ついたかのように見える反面，現代ウイグル語による文学の創作や思想的な営為に基づく出版活動が地道に展開されており，その根強い生命力を示している．それとともに，おそらくは全国的な観光政策の展開とも連関しつつ，民族文化が観光資源として活用されるなど，それまでにない動向が表面化した．本章においては，その中で，清朝の統治体制下のウイグル人有力者である「清代回部王公」の存在がとくにクローズアップされてきた具体的な様相について紹介したい．

1. 近代史の中の回部王公

　現代における回部王公を見る前提として，近代における回部王公の状況について簡単に検討しておく．

　清朝統治時代，回部王公の主体となっていたのは，清朝の当該地域への進出とその掌握に際して清朝側に帰順し，貢献した有力者とその子孫たちである．清朝が新疆ウイグル人居住地域を統治する政治体制においては，現地ウイグル人の有力者を清朝の役人（ベグ）として任用して行政を担当させる，いわゆる「ベグ（伯克）制」が施行された．回部王公の一族は，その中で，主要オアシス都市の行政長官であるハーキム・ベグ hākim beg（阿奇木伯克）など高位のベグ官職に多く任用され，行政機構において重要な役割を担ったとされる．

　「回部王公」は，大きく以下のように分けられる．

第一に，クムル（漢語名：哈密）とトルファン（吐魯番）におけるジャサクが挙げられる．彼らはそれぞれ親王・郡王の爵位を世襲で継承し，クムルとトルファンというそれぞれの地域で行政上の管轄領域をもち，その領民を実質的に統治した．佐口透がその研究の中で彼らの権力下にある領域を「公国」と呼称する所以である．とくにエミン・ホージャ Emīn Khwāja を始祖とするトルファンの郡王家（いわゆる吐魯番郡王家）の人々は，自らの領域を統治するだけでなく，カシュガルやヤルカンドなど南新疆における主要オアシスのハーキム・ベグに多く任用された．

第二に，上記ジャサク以外の新疆在住の王公一族として，清朝のジュンガル勢力との争いおよび新疆掌握の過程において清朝に帰順・加担し，貢献して爵位が与えられたハディー・ベグ Hadī Beg, ガダイ・ムハンマド・ベグ Gadāy Muḥammad Beg, サティプ・アルディ・ベグ Satip Aldi Beg などの子孫たちが挙げられる．とくにクチャ（漢語名：庫車）を本拠としたハディー・ベグの子孫たちは，カシュガルなど主要オアシスのハーキム・ベグに多く任用されたことで知られる．ハディーの孫イスハークのときに「王」の爵位を与えられ，子孫が継承することとなる．

第三に，北京在住の王公たちが挙げられる．彼らは，ハーン家，一部有力ベグの子孫，および一部のカシュガル・ホージャ家の子孫たちからなる．この中で重要なのは，ホージャスィ・ベグ Khwājasi Beg の子孫であろう．清朝の新疆掌握の際に清朝に貢献したホージャスィ・ベグは，いったんホタンのハーキム・ベグに任用されたが，入覲した際に北京にとどめられた．その後，19世紀に入ってから，その子孫は新疆に移動し，新疆行政において一定の役割を担うようになる．

以上のような回部王公の一族，とくに新疆在住の人々は，ジャサクであったクムル，トルファンの王公はもちろんのこと，事実上，清朝統治下のウイグル人社会においてある種の支配階層を形成したと考えられる（Brophy 2008: 84）．河野敦史の研究で明らかにされているように，とくにトルファン郡王家とクチャのハディーの子孫は，カシュガル，ヤルカンド，ホタンなど南新

疆の主要なオアシスにおいて，ハーキム・ベグをはじめとする高位のベグ官職に優先的に登用された形跡がある（河野 2013: 42-43）．

　1864年に勃発した大規模なムスリム反乱を清朝が鎮圧して新疆を回復し，新疆省を設立するにともない，統治体制が根本的に改編された．そのもとで回部王公は命脈を保ったものの，その勢力は大きくそがれることとなった．トルファンの郡王は形だけ爵位を許されたものの，「改土帰流」政策により以前の領域に対する統治権を失った．ただし，それ以前と同様，配下のウイグル人有力者を介して行政執行のプロセスにある程度関与することが可能であったとされる（馬 2012: 63）．1904-1907年に新疆において遺跡調査に従事したル・コックも，当時のイミン・ワン Imīn Wang（8代目）について，死刑の執行を許されていないが，罪人に対し杖刑を命じる権力を有していたことを伝える（Le Coq 1928: 65）．他方，南新疆のウイグル人居住地域においてベグ制が廃止され，それにともなって，回部王公の高位ベグ官職への任用も当然ながらなくなった．内地同様の州県制が採用され，地州・地県などの役人には全面的に漢族が任用されたのである．そういう意味で，回部王公たちが著しい地位低下に見舞われたことは否定できない．唯一の例外はクムルの王公の一族であり，その領地・領民を事実上統治する状態を，中華民国期に至るまで保持することとなる．

　1911年に清朝が滅亡し，中華民国に移行した後，政府は王公の世爵についておおむね以前のものを保持する方針を出し，北京政府により王公の家系はその地位を安堵された[2]．

　1912年にクムルのシャー・マクスード Shāh Maqṣūd（9代目の爵位継承者）は，北京に朝覲を行った．北京政府の袁世凱は，シャー・マクスードに2,000元の財政援助を行ったとされる．1915年初めに政府は彼に年俸2,000元を与え，クムル地方を管轄する権限を保証した（方 2010b: 83）．実際上も，クムルの一族は清代同様にその領域に対する行政を実行し続けた．清代には，強制的な労役などクムル地方の支配層の住民に対する収奪が激しかったという点が，佐口らによって指摘されている．そういう状況は，民国

期になってもかわらなかった形跡がある．クムルで生まれ育ったソパホン Sopaxun という人物（1944 年にイリ地域を中心として起こったムスリム反乱である，いわゆる「三区革命」の指導者・軍事司令官のうちの一人）の回想によれば，少年時代，居住する村落のベグの横暴について，母とともにクムルの王府に直訴したにもかかわらず，まったく改善されなかったどころか，労役がさらに激化したと述べている（Sopaxun Süwürof 2011: 129-131）．

また，クムルのシャー・マクスードを中心とする回部王公たちは，中国政治に若干の影響を与えた形跡がある．『回部公牘』を研究した方素梅によれば，1914 年に新疆回部の「八部首領」が河南出身の回民指導者李謙を駐京代表・回部全権代表に任命し，李謙はこの地位において北京政府に中国ムスリム（＝回民）の政治参加をめざした活動を展開したという（方 2010b: 83）．すなわち，結果的に回部王公たちは，民国における中国ムスリムたちの政治的な動きに一定の作用を与えたということである．

このような中華民国期における回部王公が，ウイグル社会においてどのような存在であり，そしてウイグル人によりどのように認識されていたかをうかがわせる材料はいたって乏しい．一例として，中華民国期に国民党政府で活動したウイグル人指導者イーサー・ユースフ 'Īsà Yūsuf がその回想録（口述筆記）において触れるところを見てみよう．イーサーは 1920 年代の状況について述べる中で，当時の新疆ウイグル地域の指導者たちとして，イリのフサイン・バイ Ḥusain Bay（近代的な民族資本家，教育運動家），ウルムチのロズィ・ハジ Rozī Ḥājī（新疆省人民会議の議長）などとともに，それぞれの地域で影響のある人々として，クムルのシャー・マクスード・ワン，クチャのマフフーズ・ワン Maḥfūẓ Wang の名前を挙げている．イーサーの説明によれば，クムルが公国であり，マクスードはその君主であること，「ワン」（王）という称号は「中国人」から与えられたものであることを指摘するとともに，人々はマクスードを愛していないと主張している．また，クチャのマフフーズはやはり「中国人」から「ワン」の称号を与えられていること，アヘン中毒ということ，どこに行っても尊重されるが，それは「ワン」という称

号をもつゆえであると述べている．以上の証言には，爵位が中国政府から与えられていたこと，そしてそれゆえに少なくともクムルとクチャというそれぞれの地域社会では一定の影響力をもっていたことが示されており，回想とはいえウイグル人知識人の王公に対する認識と，当時の事実関係の幾許かを反映する記述として興味深い（Mehmet Ali Taşçi 1985: 122‒123）．

　1930 年代に入ると，クムルにも根本的な変化が襲った．金樹仁を主席とする省政府のもとで「改土帰流」政策がクムルに対しても実施され，それを契機として王領の復活をめざす蜂起が発生し，大規模なムスリム反乱へとつながった．反乱の終息後，クムルの王領は完全に撤廃された．また，前述のように，トルファン郡王家については，清朝末期の段階で，年金だけをもらい，ほとんど実権のない状態であったと言われ（Mannerheim 1969: 369），民国期はさらにその地位を低下させていたと考えられる．

　しかし，研究が少ないため断定的なことは言えないものの，回部王公の子孫たちはその後の政治・文化状況の中で，それぞれが地盤としてきた地域においては，若干の活動に従事した様子がうかがわれる．たとえば，最後のトルファン郡王であるムハンマド・サイード Muḥammad Saʿīd は，1930 年代の大規模なムスリム反乱の収束後，新疆省代表会議代表に任命された．また，1945 年に新疆省政府顧問に着任し，1948 年には国民党の国民大会代表として南京に赴く，というように，とくに 1945 年に国民党が新疆省の実権を掌握して以後の時代に省行政において一定の役割を担った（黄建華 1992：37；蘇，黄 1993: 197）．また，その弟とされるイスカンダル・ホージャ Iskandar Khōja は，1934‒1935 年にトルファン盆地東部に位置するピチャン（鄯善）県のハーキムとなり，さらに 1947 年にはふたたびピチャン県のハーキムに任用されたという（Abduraxman Abdulla 2002: 179）[3]．

　クチャのハディー・ベグの子孫についても，クチャ地域の地方行政において一定の役割を担った形跡がある．その様子については，2014 年に死去した，子孫のダウト・メフスト Dawut Mexsut（ダーウード・マクスード Dāwūd Maqṣūd）の口述によりいくらか知ることができる．1864 年に勃発したクチャ

におけるムスリム反乱の際に反乱者たちにより殺害されたアフマド・ワン Aḥmad Wang の息子であるハミード Ḥamīd は，反乱鎮圧後の 1883 年に親王の爵位を得たが，95 年に北京からの帰路に蘭州で病没し，同年に息子のマフムード Maḥmūd が郡王を襲爵した．その病没後に息子のムハンマド・エミン Muḥammad Emīn が爵位を継承するとともに，クチャの協台（協防軍台）に任用され，続けて中華民国期の 1914 年に中央政府より親王に進封され，16 年にはウシュ県の左協台に任用されたと言われる．ムハンマド・エミンが 1926 年に死去した後，息子のマフフーズが親王の地位を継ぐも，42 年に当時の省政府主席盛世才により処刑されたため（許 2006: 216-218），甥のダウト・メフスト（1927 年生）が継承したという．1946 年にダウトは新疆省政府下における地方選挙においてクチャ県選挙委員会主任を務め，その後新疆省参議会参議員に選任された．

　しかし，一部の王公一族において中華民国期も継続されたこれら公的な活動は，1949 年の中華人民共和国の成立とともに途絶えることとなった．共産主義が国是とされる新しい体制下において，旧社会の支配層に属する回部王公一族が厳しい境遇に置かれたことは想像に難くない．実際，トルファンのムハンマド・サイードは，1951 年に国外逃亡を試みたもののウルムチで逮捕され，9 月に「歴史反革命罪」によりピチャン県人民法院から死刑判決を受けた．また，弟のイスカンダル・ホージャも，ハーキム時代に誤りがあったという理由で，1951 年 5 月にやはりピチャン県人民法院より死刑判決を受けた．改革開放後の 1984 年に名誉回復されたという（Abduraxman Abdulla 2002: 178-79）．

　クチャのダウトは，処刑こそ避けられたが，1951 年に「歴史反革命分子」として懲役 20 年の判決を受けて投獄され，その後 7 年に減刑されて 58 年に釈放された．1960-1966 年にクチャ県ハニカタム郷の党委員会・郷政府で漢語—ウイグル語の通訳を務めたものの，1966 年に文化大革命が始まると「反革命分子」というレッテルのもと，強制労働に従事せざるをえなかった．改革開放後の 1980 年になってようやく幹部職務を回復し，84 年にクチャ県政

治協商会議の副主席，97年には自治区の政協委員に任用され，公的な立場で地域社会において一定の役割を担うことができるようになった（許2006: 16-17）．

しかし，中華人民共和国成立後の社会変動の中で存命であり，公務などで一定の活動に従事した，その他の王公家系の子孫たちについては知られていない．現代中国においては，解放後の「改革」により，実際の回部王公の子孫たちは，旧支配層として弾劾され，場合により処刑され，場合により社会的地位を失ったと考えられる．回部王公の子孫としては，事実上その存在を消滅させたに等しい[4]．

2. 観光スポットとしての回部王公関連施設

ところが，2000年代に入って，歴史上のウイグル人有力者であった回部王公の存在がにわかに大きくクローズアップされてくる．それはとくに，関連文化遺産の修復・整備，王府の復元と，それらの大々的な観光スポット化という現象である．その具体的な様相について，以下に，クムル，トルファン，クチャのそれぞれの一族を順次取り上げながら明らかにする．

第一に，クムルの一族（ジャサク）を取り上げる．始祖であるウバイドゥッラー 'Ubayd Allāh は，元来クムルの有力者で，ジュンガル勢力と清朝の間の争いにおいて逸早く清朝側に加担し，1697年にジャサクに準じる地位を与えられた．その子孫たちはその後9代にわたり，1930年に前述のシャー・マクスードが死亡するまで王公としての地位と領地を維持することとなった．このクムルにおいては，王陵の整備と王府の復元が大々的に行われた．

王陵は，現在のクムル市市街地の西南部，もともとのウイグル人居住都市（いわゆる「回城」）[5]の西方に位置する（回城郷アルトゥン（阿勒屯）村内）．1990年に自治区重点文物保護単位に指定され，2006年にはマフムード・カシュガリーの墓廟，ヤルカンド・ハン国の王陵，カレーズ（トルファン盆地にみられる

写真 1　クムル王陵（右からベシルの廟，イードガーフ・モスク，シャー・マクスードの廟）

出所：筆者撮影（以下同）

地下水利施設）などとともに全国重点文物保護単位に指定された[6]．最も新しく全国重点文物保護単位に指定された文化財のうちのひとつに当たる．

　王陵の敷地内[7]には大きく三つの構造物があり，北に7代目ベシルBashīrの墓廟，南に9代目シャー・マクスードらの墓廟，西側にイードガーフ 'īdgāh・モスクがそれぞれ配置されている（写真1）．それぞれが建築様式としても独特な特徴を具えた建造物である．まず，ベシルの墓廟は，かなりの規模をもつ方形の建築で[8]，屋根部分にイスラーム地域のモスクなどによくみられるグンバズ（円屋根）型の構造物をもつ．内部にはイスラーム聖者廟などと同様の形状の墓型が設置されている．建造の年時や経緯などは明らかでないが，先行研究によれば，ベシルの生前に建造されたと考えられる（佐口 1995: 262）．ベシルは，1864年に新疆で勃発した大規模なムスリム反乱の中で，反乱者に捕えられて死亡したが，清朝への忠誠を示したという理由から清朝はベシルを親王に進封し，城と墓を修理したとされる（李中耀 1999:

写真 2　クムル王府・王爺台の入口

77).第9代シャー・マクスードを中心とする一族の墓廟は,一説によると,1904-1905年に建造されたとされる(黄達遠 1999: 59).これは,木造の東屋風の建造物で,現状では大・小の2部分からなる.これらは9世回王墓と台吉墓とされている.前者は,上層に八角の屋根と窓付きの壁をもち,下層は方形の構造をもつ[9].内部は上部が丸天井,下部は四角の壁に囲まれ,墓型が安置される.おそらくいくつかの文化要素を接合させたこの廟の特異な形状はとくに,現代の識者の注目を集めてきた.イードガーフ・モスク[10]を含めた敷地内のこれら建造物は,文化財保護・整備事業の一環として,観光開発を視野に入れつつ,2000年代に修理・改装作業が行われたと考えられる.

　他方,王府については現状としてまったく残存しておらず,全面的に「復元」された(写真 2).ただし,前述の王陵の西側という位置は,元来の王府の位置とはかなりずれている.1907年にロシア帝国軍人としてユーラシア大陸横断の調査旅行を行う途中でクムルを訪問したマンネルヘイムが作成した地図によれば,王府は回城の北部,すなわち王陵の東方に,かなりの面積を占有して存在していたことがわかる(Mannerheim 1969: 386).おそらく

1931 年のムスリム反乱の混乱時に王府は消失し，その後クムルの王公の一族が領主として復活することはなかったため，そこに民家が建築されて回城の都市居住空間の一部になったと考えられる．王府の再建が政策的に決定された際，元の位置に再建することが不可能であったため，別の場所に移さざるをえなかったということであろう．

「復元」された王府が前述の整備された王陵の西側に接する形で設置されたことにより，両者は「哈密王景区」として一体化された観光スポットの空間を構成することとなった．さらに，道を挟んだ向かい（北側）に「哈密博物館」・「哈密木卡姆伝承中心」という文化施設が並ぶ．これらの施設も，現地の地域コミュニティにおける文化伝承・文化活動の振興とともに，外部からの訪問者，すなわち観光客に対する当該地域の文化の展示をも主たる目的のひとつとしているように見える．王府の復元という事業においても，観光開発としての側面に重点が置かれていた可能性がある．

興味深いのは，その再建の経緯である．王府に掲示されたパネルによれば，2003 年にクムル（哈密）地区政府・クムル市政府の関与と広東省の「援疆工作」隊の支援のもと，3,000 万元余りを投資して王府の再建に着手し，第 1 期が 2005 年 6 月に竣工したという．主要な施設である「王爺台」は 6,500 平方メートルの広さをもち，その中に王府大殿，王爺府，王妃府，清真寺，台吉弁公室などを含んでいる．2007 年 6 月に第 2 期工事が竣工し，「観光客に開放」されたという．

「援疆工作」とは，党中央と中央政府によって策定され，新疆に対して実施された政策であり，内地における経済発展の進んだ省・直轄市の政府・企業が，新疆ウイグル自治区の各地区・自治州などを援助するものである．具体的には，幹部の派遣，財政的な援助，企業の事業への関与などからなる．1990 年代に正式に政策方針が示され，2000 年代に入って本格的に推進されるようになった．当該政策においては，援助を行う内地の各省・直轄市および企業と，援助を受ける新疆の各地区・自治州との関係に，固定化された対応性が規定されている点に特徴がある．たとえば，ホタン（和田）地区には

北京市と浙江省，カシュガル（喀什）地区には天津市と山東省，イリ（伊犁）・カザフ自治州には江蘇省がそれぞれ排他的に援助を行う，というような態勢が形成されたのである（韓 2014: 16-17）．クムル（哈密）地区への援助を担当したのが広東省であったことは言を俟たない．要するに，本王府の再建は，いわゆる「援疆工作」を含む一連の新疆をめぐる政策過程の一環ということになる．

　第二に，トルファン郡王家である．始祖のエミン・ホージャは，18世紀前半にトルファン盆地が清朝とジュンガルとの勢力争いの場になる状況下において，一貫して清朝側に加担し，清朝による南新疆オアシス地域の征圧事業の進展に寄与し，郡王級の爵位を与えられた人物である．当初，トルファン盆地全域を管轄する権限を付与されたものの，2代目のスライマン Sulaymān が不始末により郡王位を剥奪された際，王家の本拠であるルクチュンを中心とするトルファン盆地東半に領地を削減された．トルファンに盆地西半を統括する吐魯番直隷廳（トルファン）が置かれた（佐口 1986: 174-177）．しかしその後も，第7代のイミン・ワンに至る20世紀前半まで郡王としての命脈を保つことになる．

　トルファン郡王家に関連して整備された文化遺産としてとくに著名なのは，漢語で「蘇公塔」と呼称されている建造物である（写真3）．この建物内に安置された石碑の碑文文面に基づけば，郡王家の始祖であるエミン・ホージャを顕彰するために，その息子の前述スライマンらによって建造された，「マドラサ・イ・マイムーネ madrasa-i maimūna」という名称をもつ，部分的にマドラサとしても使用されたと思しきモスクである[11]．「蘇公塔」の「蘇公」というのはスライマンという人名に由来し，「塔」というのは，きわめて特徴的な形状をもつ当該モスク付属のミナレット（光塔）にちなんでそのように称されたものであろう．現在一般化している「蘇公塔」という漢語による名称が，どのような起源をもつのか，明確なことはわからないが，遅くとも20世紀初頭には使用され，その後普及した可能性がある[12]．他方，現在のウイグル語著作などでは，Sulayman Wang munari（スライマン王のミナ

写真3　蘇公塔

レット）と呼称されている．

　塔の高さは44メートル，円錐状の底部の直径は約10メートルとされる[13]．前述のようにモスク内部に石碑が置かれており，向かって右側が漢文，左側がテュルク文で刻されている．当該モスクは，トルファン市の郊外，市中心部より東方2キロメートル程度の場所に位置する[14]．以前より，高昌故城・交河故城・カレーズ・葡萄溝などとともに，トルファンの主要な観光サイトとして知られる．

　この「蘇公塔」は，1957年に自治区級重点文物保護単位に指定された（夏訓誠，胡文康1978: 121）．全国重点文物保護単位には，楼蘭，ジムサルの北庭，トルファン盆地のアスターナ墓，カシュガルのアッパーク・ホージャ墓廟など新疆の主要な文化財と見なされる他のスポットとともに，1988年に指定された[15]．それ以前に新疆で全国重点文物保護単位となっていたのは，1961年に指定されたクムトラ石窟，クズル石窟，高昌故城，雅爾湖故城（交河故城）という著名な遺跡のみである[16]ことを考慮すれば，古くより文化財として認識され，保護の対象となってきたと言える．ただし，外国の旅行

ガイドなどにトルファンの主要な観光地として名前が挙げられてきたにもかかわらず，1990年代までは，本格的な観光開発を視野に入れた，目立った整備事業の対象となってきたとは言い難いように思われる．2000年代に入ってから，前面の敷地部分が大々的に整地され，登りやすい階段上の構造に改造されるとともに，建造物自体も修復された．また，建物の手前，向かって左手に，回疆地図を掲げるエミン・ホージャの立像が設置されるに至った．

蘇公塔の整備とともに注目されるのは，トルファン郡王府の建設（再建）と公開であろう．これは，トルファン郡王家の始祖であるエミン・ホージャを主人公とするテレビ・ドラマ『吐魯番郡王』とかかわりがある．

テレビ・ドラマ『吐魯番郡王』は，2009年2月から中国中央テレビで放映された連続ドラマ（28回）である．とくに清朝とジュンガル勢力の狭間にあった18世紀前半のトルファン盆地の状況を背景として，青年時の活動を中心にエミン・ホージャの生涯を題材として描いたものである．このドラマの脚本を書いた呉賢雕は，湖南省の出身・在住で，もともと脚本家でも作家でもなく，地方役人を務めた後，40歳代になってビジネスの世界に身を投じたというユニークな経歴をもつ[17]．本人の叙述によれば，2000年3月に商務でトルファンに赴いた際，同郷のトルファン地区テレビ局副局長彭進忠らの案内で蘇公塔を参観し，塔に強い印象を受けるとともに，エミン・ホージャの像を前にその事績の説明を受けて惹きつけられた．もともと文学への志向を持ち続けていた呉は，エミン・ホージャを格好の題材と考え，ドラマの脚本の執筆に着手したというのである（賢雕，買提尼牙孜・庫爾班 2004: 609-610）．

2001年後半に脚本は完成し，2004年に出版された．その後，中国中央テレビでこの脚本をもとに連続ドラマが制作された．その際に，500万元が拠出されて蘇公塔のすぐ傍らの場所に郡王府の建物が建造され，ロケで使用されたといわれる（撮影期間：2005年8月19日-2006年4月13日）．建物の敷地面積は2,500平方メートルあり，撮影終了後に「吐魯番郡王影視城」として2006年に開業したという[18]．その後，「吐魯番郡王府」として観光スポッ

第 3 章　中国新疆における清代回部王公の現代　95

写真 4　吐魯番郡王府の入口

ト化している（写真 4）．

　しかし，前述のように，トルファンの郡王領は第 2 代のスライマンの時代にトルファン盆地の東半分に縮小され，それ以降郡王の居処は元来の本拠地である，トルファン盆地東部のルクチュンに置かれていたのであり，王府は現在のトルファン市に位置するわけではない．郡王家関係の遺構は，観光対象物件化されていない形で，ルクチュンに文化財として存在する[19]．そういう意味で，この王府には，文化遺産を復元するという側面は希薄である．また，歴史的な建造物や付属するアイテムの文化財としての「復元」としてこの王府を眺めるならば，いささか質が低い印象を受ける．しかし，郡王家と直接関係する歴史的モニュメントのいわば実物として一定の価値を持つ「蘇公塔」とセットになって観光サイトを構成している点，また，中央テレビのテレビ・ドラマのロケ地と見なされていることから，観光物件として一定の意味はあると言えよう．

　さて，第三にクチャのハディー・ベグの子孫たちについてである．彼らは，前述のようにジャサクではなく，その固有の統治領域をもっていなかっ

た．しかし，河野の研究に従ってクチャのハーキム・ベグ任職者を見てみると，乾隆年間にハディー・ベグの長子たるオスマーン 'Othmān（鄂斯璊），オスマーンの弟のムラード・ベグ Murād Beg（穆喇特伯格），嘉慶年間にオスマーンの長子たるムハンマド・フサイン Muḥammad Ḥusain，ハディーの甥に当たるウマル 'Umar（愛穆爾），道光年間にイスハーク Isḥāq（オスマーンの次子，カシュガルのハーキムなどを歴任）の娘婿たるフダーベルディ Khudāberdi（胡達巴爾第），などハディーの子孫・関係者がかなりの程度務めていることがわかる（河野 2013: 37-38）．すなわちクチャ地域の行政上，中心的な役割を担っていたことは疑いない．一族の墓所も，クチャ市の北方 10 キロメートルに位置しており，キョク・グンバズと呼ばれている．この墓所には，イスハーク・ベグ以降の爵位継承者が埋葬されたと伝えられる（Dawut 2001: 188-189）．しかし，墓所をはじめとする歴史遺産の本格的な整備，観光物件化はみられない．クチャにおける動向は，王府の「再建」とそのテーマパーク化に集中していると言える．

　クチャ王府は元来の王府があった場所に再建されたという．その場所は，クチャ市の西部，歴史的なクチャのウイグル人居住城市（回城）の一角と考えられる（現・林基路街）．爵位を継いだ最後の当主たるダウト・マフストの証言によると，中華民国期の 1930 年代に当時の新疆省政府主席であった盛世才によって王府内の財物を没収されて荒廃し，その後いったん修繕されたものの，中華人民共和国成立後の文化大革命期に破壊されて，ただ一部の家屋と城壁を残すのみであったという（許 2006: 3）．ただ，王府の歴史的な状況に関する信頼の置ける文字史料を欠いており，精確なところは明らかでない．

　王府の再建事業は，ある記事によれば，2004 年の春にクチャ県が「旅游」資源の開発を推進していた際，クチャ王府の再建が案として浮上したことを起点とするらしい．クチャ県の共産党委員会は，「このことが，祖国統一を護持し，民族分裂主義に反対する愛国主義教育基地となり，また文化旅游景点となり，この景点を開発することがクチャの発展にとって重要な意義があ

る」と判断した．クチャ県党委員会書記の李剛は，「天山神秘大峡谷」を観光スポットとして開発し，成功させた楊新太にこのことを託し，楊はクチャ王府旅游開発有限公司を設立して，2006 年 3 月に王府を観光施設として開業させた[20]．要するに，王府再建にまつわる一連の動きは，クチャ県の観光開発事業の一環として進行したものである．

再建されたクチャ王府の敷地は 4 万平方メートルの広大な空間を占めており，クチャの歴史にかかわるいわばテーマパークとして，亀茲（クチャの旧名）歴史博物館，王府清真寺，王府文物陳列館，庫車（クチャ）王室歴史展館，王府演芸庁，などを含みこむ一大コンプレックスを構成している（写真 5-a・b・c）．

ここで注目されるのは，「王府」内の一角に，爵位を受けた最後の子孫の居所である「王爺官邸」が設置されたことである．もちろん当該部分は観光客の立ち入り禁止区域となっている．最後に王の爵位を継いだダウト・マフストがここに居住していたという．この最後の王が，まさに象徴的な存在として，再建された王府に現住しているという点が，他のクムルやトルファンの類似施設との相違点として，当該施設のアピールポイントになっていたと考えられる．実際，クチャ王府の再建事業に関連して，2004 年にダウトに関する雑誌記事が出され（武，貴 2004），さらにダウトの口述をまじえ，初代のハディーの事績を中心に一族の歴史を描いた歴史小説『西域往事』（許 2006）が出版されるに至った[21]．

ダウトについては，王府再建が決定されるより以前の 2001 年に，その波乱の生涯とその中での 5 度にわたる結婚（2 度目と 3 度目は同一人との復縁）の経緯などについて，ゴシップ記事風のコラムが出されている（西北 2001）．クチャ王が注目される素地はすでに形成されており，クチャ県の幹部たちは現存するダウトの存在をひとつの手がかりとして，クチャ王府再建による観光振興事業を着想した可能性もある．なお，ダウトは 2014 年 7 月に死去した[22]．

以上のように，2000 年代に入り，回部王公関連の施設として，クムル，トルファン，クチャそれぞれの王公一族の王陵や王府，記念モスクなどが，

写真 5-a　クチャ王府　王府入口

写真 5-b　クチャ王府　王府清真寺

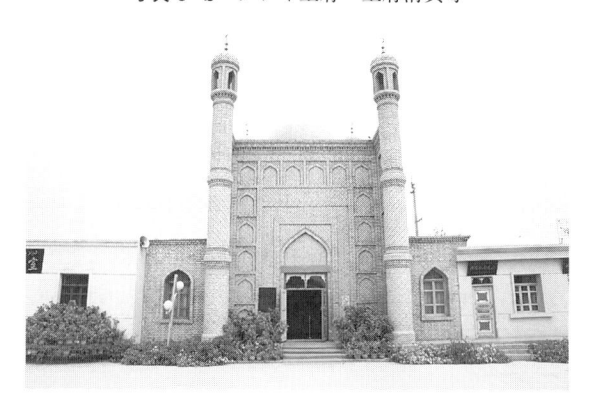

写真 5-c　クチャ王府　王府文物陳列館

それぞれその経緯は異なるものの,いずれも観光開発の進展の中で有用な資源として注目され,整備・再建を経て観光スポットとして大々的に打ち出されたのである.

3. 観光政策の中の回部王公

　回部王公にかかわる文化遺産・施設をめぐる観光開発は,基本的には3つの家系に属する王公の王府の「復元」と,一部の主要な文化遺産の整備を中心として進んだと言っても過言ではないであろう.たしかに,ウイグル人研究者によるウイグル建築史の著作においても,清代の代表的な建築物3件の中に,蘇公塔とクムル王府が含まれる (Alimjan Mexsut 2000: 283-291) ことを考慮すれば,これらがウイグル民族文化の貴重な遺産として,文化財行政の中で整備や復元の対象となり,さらにそれが観光資源として活用の対象となったとしてもあながち理由のないことではない.しかし,回部王公にかかわる文化遺産のうち,上記のような形で注目され,観光開発事業において前面に打ち出された施設は,かなり限定された部分にとどまっていることも事実である.

　ひとつは,王府が復元された一族に関して,上記で掲げた以外の文化遺産は部分的に文化財としての指定は受けながら,観光資源として活用されていないということである.たとえば,クチャの一族にかかわるものとして,ヤルカンド市内に位置する,始祖であるハディー・ベグの子オスマーンの子であるムハンマド・フサイン[23]の墓と思われる「バイスィ・ハーキム(白斯阿克木)の墓」が挙げられる(写真6)[24].規模は大きくないながら,精巧な造りをまとう当該墓廟(Rahile Dawut 2001: 90)は,2003年に自治区の重点文物保護単位に指定されているが(新疆維吾爾自治区文物局編 2011a: 158),自治区文化財であることを示す,表面が凹んだ,粗末な看板が傍らに立っているだけで,とくに観光物件として宣伝されているとは考え難い.また,観光資

写真 6　バイスィ・ハーキムの廟（ヤルカンド）

源として機能していないトルファン郡王家関連の文化遺産としては，ヤルカンドのホージャ・ムハンマド・シャリーフ Khwāja Muḥammad Sharīf [25] の墓廟に隣接する墓地内にあるユーヌス・ワンの墓廟[26]，郡王家一族の一部が葬られているとされるアルパタ・ホジャムの墓廟[27]（写真 7），郡王家の本拠たるルクチュンにある諸施設の遺構など，そもそも保護対象としての文化財に指定されていないものも含め，枚挙に暇がない．

もうひとつは，クムル，トルファン，クチャにおける三つの一族以外の王公一族にかかわる文化遺産の存在である．たとえば，ヤルカンド市の郊外に位置するアブドゥル・ラフマン・ワン 'Abd al-Rahmān Wang の墓とされるものが挙げられる．断定はできないものの，これは，北京在住の王公であるホージャスィ・ベグの一族のうち，第 5 子の次子で，爵位（郡王品級多羅

第 3 章　中国新疆における清代回部王公の現代　101

写真 7　アルパタ・ホジャムの廟（アスタナ）

貝勒）の継承として 4 代目に当たるアブドゥル・ラフマンの墓廟である可能性が高い[28]．この人物は，北京在住であったが，新疆に移動した（Brophy 2008: 77）後，いわゆるカシュガル・ホージャ家のジャハーンギールの反乱の鎮圧に協力し，ヤルカンドのハーキム・ベグに任用された（Newby 1998: 288）[29]．本墓廟は 1990 年に新疆ウイグル自治区級の重点文物保護単位に指定されているが，修復された形跡は見当たらず，また，観光物件としての活用もなされていない[30]．

　このように，観光資源として大々的に活用された文化遺産・施設は，数多い回部王公に関連する遺産の中で，きわめて限定されている．このことは，事業の対象となるものが戦略的に選択され，それらに集中的に資金・労力が投下されたことを示唆する．実際，とくに王府の再建事業の経緯を見る限りでは，観光開発を視野に地方政府の主導によって対象が選択・採用され，関連する事業が系統的に推進されたことがうかがわれるのである．

　まず，クムルの王府の再建は，前述のように，いわゆる「援疆工作」の一環として，広東省政府からハミ県に対する資金および技術の供与のもと行われたものであった．

また，トルファンの郡王府の再建は連続テレビ・ドラマ『吐魯番郡王』の撮影に関連してなされたものであったが，このテレビ・ドラマが実現する過程においては，トルファン地区共産党委員会の幹部たちが密接に関与している．脚本の作者である前述の呉賢雛によれば，2001 年後半に脚本が完成した際，同地区共産党委員会宣伝部部長石慧琼と同委員会副書記孫昌華の援助を受けた[31]．2002 年 3 月には，トルファン地区委員会より自治区党委員会宣伝部文芸処などに働きかけが行われた．また，2002 年 9 月には，トルファン出身のウイグル人で，新疆ウイグル自治区政府主席などを歴任し，当時第 9 回全人代常務委員会副委員長の任にあったテムル・ダワメット Tömür Dawamet（鉄木爾・達瓦買提）[32] が前述の石慧琼および呉と接見し，自らがドラマの「総顧問」になることに同意したとされる（賢雛，買提尼牙孜・庫爾班 2004: 614）[33]．その後，著名作家の霍達やその紹介で知遇を得たという著名演出家の尤小剛らの協力のもと脚本原稿の改稿が行われ（賢雛，買提尼牙孜・庫爾班 2004: 615）[34]，中央テレビでのテレビ・ドラマ化のプロジェクトが進展したと推測される．

　さらに，クチャ王府の再建事業が，クチャ県共産党委員会により発案され，県政府の経費支弁で実施されたこと，県共産党委員会の観光振興策推進の一環として書記の李剛の主導により推進されたといわれることは前述したとおりである．

　これら 3 か所の王府再建と関連事業は，若干のずれを含みながらも，ほぼ同時期に進行した形跡がある．最初の動きはトルファンでみられ，すなわち呉賢雛が商務でトルファンを訪問し，最初に蘇公塔を見学したのが 2000 年 3 月，テムル・ダワメットと面談の機会を得たのが 2002 年 9 月である．その後まもなく，クムルでの動きが顕在化する．2003 年に，広東の援疆工作隊の唱導のもと，王府の再建が開始されたのである．2004 年 4 月に呉による『吐魯番郡王』劇作本が出版され（写真 8），テレビ・ドラマ化の事業が進捗していく．クチャにおいて王府再建の話題が現れるのがまさに同時期であり，同年春にクチャ県党委員会がクチャ王府再建を決断し，同年 9 月には

写真8 『吐魯番郡王』の劇作本　　　写真9 許福蘆『西域往事』

『西域往事』の著者の許福蘆がクチャを訪問し，ダウト・メフストから取材している．2005年6月にはクムル王府の再建事業の第1期工事が竣工する一方，同年にはテレビ・ドラマ『吐魯番郡王』の撮影がトルファン郡王府などで行われた．2006年には，クチャで王府の公開が開始されるとともに，『西域往事』が出版され（写真9），クムルでは国務院によりクムル王陵が全国重点文物保護単位に指定され，トルファンではトルファン郡王府影視城が開業するなど，各地域での事業がほぼ完成を見た．2009年には連続歴史ドラマの『吐魯番郡王』が中央テレビで放映されている．

　以上のような事態の推移を眺めると，相互の具体的な連携ないしは競争関係などは明確でないものの，各地域において地方政府により発動され，推進された事業は，少なくとも結果的にはひとつの流れの中で進行していったように見える．

　そもそも新疆において2000年代に進行した事象について考える上で，その背景として中国周縁の少数民族地域の観光にまつわる状況に留意する必要がある．中国の少数民族地域においては，観光開発において少数民族の民族文化や独特な儀礼，少数民族にかかわる歴史的な文化遺産などを資源とし

て利用する動きが，とくに雲南などの地域で1990年代から顕著な形で進展したことが知られる[35]．その背景には，中国による国家的な観光政策の戦略をうかがうことができる．1990年代に国家旅游局により，1997年の中国旅游年の宣言をはじめとして，毎年度テーマ性をもった大々的な観光プロモーションが実施されたのである．また，少数民族地域における観光開発が2000年代に入ってさらなる展開をとげたことは，おそらく持続可能な発展の方途のひとつとして，いわゆる民族観光の促進を打ち出した「西部大開発」政策（2000年3月-）の実施とも無縁ではないであろう．

このような民族観光の進展は，新疆においてはやや遅れて顕在化した印象があるが，2000年代に入って加速化したと考えられる．たとえば，カシュガル市の古い街並み部分の一部が，住民を含めた生活空間ごと「テーマパーク」化され，「高台民居風景区」として観光客に開放されたことは周知のとおりである[36]．また，それまではむしろ民族文化の強調という文脈において外部での演奏活動などを活性化させていた民族歌舞が，主に内地からの漢族観光客向けのアトラクションの一環として，ウルムチの国際大バザールにおける民族歌舞ショーをはじめ，さまざまな観光客向け施設などで演じられるようになった．このような状況の背景には，中国における国内ツーリズムの高潮にともなう，内地から新疆への観光客の爆発的な増加という現象がある．同時に，地域的な文化遺産を観光資源として活用する流れ[37]の中で，ウイグル人の「民族史」や「民族文化」にかかわる一部の文化遺産が，観光開発の対象とされた自然資源とともに，主要な観光物件へと転化されたことも特筆されよう．

このような趨勢は，同時期に新疆自治区政府により観光の発展をめざした政策が本格的に策定され，施行されたことによるものであろう．2001年に自治区党委員会・自治区政府は「観光業発展のさらなる促進に関する決定」（新党発20号文件）を出し，観光業発展の目標とその実現のための主要措置を明確化した．2003年には「新疆ウイグル自治区旅游管理条例」が発布され，関連する法整備が完了するとともに，同年9月には自治区観光局，自治

区発展計画委員会などの手により新疆観光発展計画が作成・発表された（新疆維吾爾自治区地方志編纂委員会 2008: 582, 57, 61）[38]．2006 年には自治区観光局が新疆観光を全国的規模で大々的に宣伝した．また，観光牧場施設をもつ重点的な観光地として開発に取り組んでいたナラト（那拉提）に空港を建設し，2006 年 7 月にその運用を開始するなど，観光の促進を支えるインフラの整備も進められた．自治区共産党委員会・自治区政府からの統一的な指示に基づいて各地方政府における回部王公への注目とその観光資源としての利用が行われたかどうかは定かでないものの，回部王公をめぐる諸事業は，上記のような自治区全体における観光政策の推進の一環として顕在化した動向であったと推測される．

　その中で，前述のように，回部王公に関連する文化遺産の観光資源としての活用，そもそもそれ以前の文化財としての本格的な修復・整備事業の対象は，復元された王府と，回部王公関係の文化遺産の中できわめて限定された一部の文化遺産にとどまっている，という点に注意する必要がある．換言すれば，おそらくは地域社会における歴史認識や文化遺産としての意義などとは別次元の政策的な判断に基づいて，一部の施設がクローズアップされてきたと言えよう．

4．歴史表象の中の回部王公

　それでは，観光開発の動向の中で，とくに回部王公に着目された背景はどこにあるであろうか．この点を考える際，呉賢雕が『吐魯番郡王』の脚本を完成した後，トルファン地区共産党委員会宣伝部部長の石慧琼と面談した際の石の発言が象徴的である．エミン・ホージャを映像化する意義としては，トルファン文化の掘り起こし，トルファン観光のブランドの確立，さらにあらゆる分裂主義活動への反対，などを進展させる点にあると（賢雕，買提尼牙孜・庫爾班 2004: 610）．また，クチャ王府については，クチャ県の共産党委

員会の認識として，これが「祖国統一を擁護し，民族分裂に反対する「愛国主義教育基地」と「文化観光景点」」となり，「外に対する強力な吸引力」でもってクチャの発展に重要な意義をもつということである[39]．要するに，新たな文化資源の発掘とその観光開発への利用という利点だけでなく，「分裂主義」への反対と愛国主義教育への意義が強調されている．たしかに，このことは，1990年代に「愛国主義教育」が政策的に提唱・推進され，2000年代に入ると愛国主義施設の重点的な指定とその観光産業化が図られた（高山 2007: 123-125）こととおそらくかかわりがあると考えられる．ただし，新疆の場合，その特有な政治的条件のもと，むしろ現代中国国家の領域統合にかかわる政策への有用性が強く意識されていると推測される．

以上の点を考慮すれば，これらの施設は，王府にせよ関連する文化財にせよ，単なる娯楽を目的とした観光物件を構成するものではなく，「領域統合」の正当化にかかわる形で，人々に周知されるべき「歴史」をディスプレイするとともに，その「歴史」を証拠立てる公的なモニュメントとして造作されたという側面を見てとることも可能である．

実際，領域統合の歴史的正統性に関する言説や表象の具体的な回路が，各地域の回部王公に関連する歴史表象の内容においても，如実に表れていると思われる．たとえば，クムルの王陵に付属する哈密王歴史陳列館においては，初代のウバイドゥッラーらを描いた大きな絵とその説明文が掲げられ，「前言」の冒頭においては，クムルが前漢時代に中央王朝に正式に帰属して偉大な祖国の不可分の部分になったこと，その後王朝は程度の違いはあれクムルを一貫して管理してきたことが指摘された上で，歴代のクムルの「王」が清の朝廷に忠誠を示し，「清政府が辺疆の反乱と祖国を分裂させる軍事闘争を平定するのを助け，祖国の統一と新疆の安定を護持する上で巨大な貢献をなした」と述べられている．すなわち，クムルを含む中国の歴史的領域性と，回部王公の領域統合に対する貢献が強調されている．

また，テレビ・ドラマ『吐魯番郡王』に関しては，少なくとも実際に放映されたドラマの内容には同様の傾向を看取できる．奇妙なことに，出版さ

た脚本は32集であるのに対し，放映されたドラマは28集であり，両者の内容を比較してみると，ストーリーの基本的なアウトラインは維持されつつも，一部の主要登場人物の最終的な行く末も含め，かなりの相違がみられる．出版された脚本においては，どちらかと言うと青年時代における主人公エミン・ホージャの活動とさまざまな人間模様の中での人間的成長が物語の基軸を構成しているように思われる．他方，テレビ・ドラマでは，前半部における青年時代の（とくに一ウイグル人女性をめぐる）さまざまなエピソードなどに共通性がみられるものの，軍事活動の上での成否を握るとされる「回疆地図」の帰趨をめぐる戦略的な物語要素が増加するとともに，ジュンガルと清朝の抗争下のトルファン盆地をめぐる，清朝中央，すなわち康熙・雍正・乾隆の3皇帝の動向，雍正・乾隆とエミン・ホージャとの接触と交流により大きなウェイトが置かれているように感じられる．すなわち，清朝とジュンガルのトルファンをめぐる勢力争い[40]という状勢の下で，主人公エミン・ホージャが清朝側において担った役割が，清朝中央との関係性において強く打ち出されている印象を受ける．

　クチャの一族については，前述の許福蘆の歴史小説である『西域往事』が事例となる．本書は，小説とはいえ，その中に最後の爵位継承者であり，2014年まで現存していたダウト・マフストの口述が入るという，異例の形式をとっている点に特色がある．とくに冒頭部分の「我这一輩子」はダウトによる自身のいわば個人史であり，中華民国・中華人民共和国における回部王公とその子孫の状況を伝えるデータ，もしくは王公の子孫が歴史の中で自らの生きた状況について人々に「事実」だと信じてもらいたい「物語」を含んでおり興味深い[41]．しかし，本書において大半の叙述が割かれているのは，清朝の新疆征服時における貢献を中心とした，一族の始祖たるハディー・ベグの事績である．すなわち，第1-7章で，ハディーの婚姻から始まり，カシュガル・ホージャ家白山派の指導者ブルハーン・アッディーン Burhān al-Dīn およびホージャ・ジャハーン Khwāja Jahān とのかかわり，清軍の新疆への進撃とジュンガルの滅亡，ホージャたちの清朝への反抗，ハ

ディーらベグたちの清朝への加担，清朝によるホージャたちの鎮圧と南新疆の掌握，その後のウシュでの反乱とその鎮圧といった，清朝の当該地域掌握前後の時期における一連の事件の経緯がハディー・ベグの活動を基軸として叙述される．第8章においては，「口述」により，ハディーの後の歴代の爵位継承者とその事績がダウトの先代に当たるマフフーズまで順次述べられる（時代としては冒頭のダウトの個人史につながる），という構成をとっている．

　作者の許福蘆がこの小説を書くに至った経緯などについては明らかでない．中国作家協会のサイトにおける記事[42]によれば，許は，人民解放軍芸術学院文学系主任で，いわゆる軍旅作家とされ，主に『紅二方面軍征戦紀実』など人民解放軍の進軍過程を描いた作品や人民解放軍の将軍の伝記などの執筆で知られる．公表されている経歴において新疆とのかかわりはみられないが，注目されるのは，「中国人民解放軍征戦紀実文学叢書」において『第一野戦軍征戦紀実』を刊行していることである．周知のように第一野戦軍は，西北地域（寧夏，甘粛，新疆）に進軍し，これら地域を「解放」した．『西域往事』での叙述は，ほぼ清朝による新疆の征服事業に当てられており，そういう意味で，時代としてはおよそ200年の隔たりがあるものの，当該地域への軍事的行動という点におけるアナロジックな対応性を意識して，この作家に当該小説執筆の白羽の矢が立てられた可能性もある．いずれにしても，この小説においては，歴史上の中国国家の新疆に対する政治的・軍事的統合事業の経緯とそれに対する回部王公の貢献の様相が語られていると言っても過言ではない．

　しかし，新疆を含む現行国家の領域性を歴史的に根拠づけるような歴史上の人物とその活動を顕彰し，関連する歴史文化遺産の存在を顕示し，関連する歴史表象の中にそれらを位置づけるということならば，ことさら回部王公にまつわる事物でなくとも，過去の王朝の当該地域に対する勢力拡大や統治を証拠立てるような人物や関連する物件を人々への「展示」対象として設定することも有効である．実際，1990年代以降に新疆において形作られた一部のモニュメントは，まさにそのような性格づけを有している．たとえば，

第 3 章　中国新疆における清代回部王公の現代　109

写真 10　班超公園（カシュガル）

カシュガル市東南部に位置する班超記念公園は，後漢時代に西域諸地域を回復し，統治した班超の事績を顕彰する公園で，班超が駐在した要塞である盤橐城の跡と称される．時代を追って班超の足跡と功績を描写した巨大なレリーフを背景に，大きな班超の像と 36 人の部下の像がずらりと居並ぶ本公園の光景（写真 10）は，この場所とそこを中心とする「西域」が古代より中国国家の領域であったことを証するモニュメントとして威容を誇っている．現在，内地からカシュガルに観光で訪れた多くの人々が立ちよる観光スポットである．

　これに対し，回部王公は，中国王朝によるこの地域の領域統合に際して王朝に貢献した事績において，王朝中央から派遣された官僚・軍人などと共通性をもつ一方で，彼ら自身が当該地域に居住する「少数民族」に属する有力者であり，なおかつ自ら王朝への忠誠を誓って功績を残した人々であったという点でユニークである．すなわち，当該地域の少数民族自身が自発的・主体的に領域統合に加わったという点で，当該地域における現行の国家領域の正統性を支える歴史的な根拠はより強く担保されることになる．そういうと

ころから，とくに回部王公を取り上げ，文化遺産の保護・整備事業の中で，また関連する歴史表象の中で重要視する意味は小さくないと考えられる．

　しかし，現代中国は共産主義のイデオロギーを国是としており，歴史に対する理解・解釈においては，階級史観に立脚しているはずである．とすれば，まさしく旧社会の支配層に属する回部王公は，当然ながら人民を搾取した好ましからざる階級を代表する人々ということになり，彼らの存在を顕彰する施策を党・政府がとるとなると，矛盾を生じさせる可能性がある．実際，中華人民共和国成立後に，最後のトルファン郡王であるムハンマド・サイードとその弟のイスカンダル・ホージャが，省政府行政に関与していた時代の行状をおそらく罪科として，「歴史反革命分子」として処刑されたことはすでに述べたとおりである．また，前述のようにクチャのダウト・メフストは「歴史反革命分子」として懲役20年の判決を受けて投獄され，いったん釈放されたものの，文化大革命時代にまた難を被った．「改革開放」後に名誉回復を受けたとはいえ，具体的な歴史的文脈の中におけるその言動がすべて「適正」なものであったとは言い難い可能性がある．

　実際，クチャにおいては，現存する末代の王公であるダウトを王府に居住させ，王府テーマパークの「形象大使」，すなわちイメージ・キャラクタの役を担わせることについて，クチャの人々の間に議論があったといわれる．しかし，当時のクチャ県党委員会書記の李剛は，ダウトをクチャ王府に戻すよう大胆に決断を下したという．記事の叙述によれば，その判断は政治的配慮に基づくものであったとされている．すなわち，初代のハディー・ベグが清朝政府のジュンガルおよびホージャたちの「反乱」を平定するに際し，祖国の統一を維持するために功労を立てたことを考慮するとき，ダウトの一族の歴史は「民族分裂主義」に反対する歴史の一部であり[43]，したがってクチャ王府に関連したダウトをめぐる歴史表象の中のイメージの形成は，「現実的な必要」に応じたものであったというのである[44]．このような経緯と，関連する言説を勘案すれば，観光開発事業の中のダウトおよびその一族の利用と顕彰においては，該当する歴史上の一族とその現存した子孫について，

領域統合における貢献という面からの肯定的評価が階級史観に基づく否定的評価に優越していることを示している．

　それでは，その否定的評価についてはどのように処理されているだろうか．これについては，関連する歴史叙述にある種の調整を施すことにより，「対策」がとられている形跡がある．歴史上の王公については，地域社会における支配層としての活動において，被支配者に対する搾取や圧迫というマイナス面ではなく，地域社会の繁栄・発展への尽力と寄与という肯定的な側面を強調するということである．たとえば，哈密（＝クムル）王歴史陳列館の掲示では，初代のウバイドゥッラーの功績として，「地方民衆を率いて荒地を開墾し，水利を興し，学校を運営し，交易を通し，辺疆地方の経済・文化の発展を推進した．」という文言がみられる．また，テレビ・ドラマ『吐魯番郡王』において主人公のエミン・ホージャは，自らの地元コミュニティにおける有力者として，常に人々の利益と幸福を第一に考慮して奮闘する人物として描写されていた．

　これに対し，具体的な歴史的文脈における言動に関する記録などが存在するダウト・メフストについては，歴史叙述におけるこのような調整はそれほど簡単ではない．前述『西域往事』におけるダウトの口述部分（とされている叙述）における自身の履歴や言動に関する叙述において，この点がどのように反映されているか検証してみる．

　第一に，その生い立ちに関する叙述が挙げられる．先代の王のマフフーズは男子がなかったため，弟の息子であるダウトが養子となり，マフフーズが1942年に当時の新疆省の支配者盛世才によって殺害された後，ダウトが爵位を継承した．ダウトは，元来先代の爵位継承者自身の子供ではなく，その弟の子供であったため，ダウトは回想において，そのことをもって自身が幼少時に貧乏な家で育ったと強調している．

　第二に，1940年代の自らの言動に関する叙述が挙げられる．すなわち，従来の公式的な理解においてダウトに否定的な評価が下される理由のひとつである1947年11月のクチャでの事件について，自己正当化のための釈明を

図っているということである.

　1944 年,それまで独裁的に新疆省の権力を掌握していた盛世才が新疆を去り,国民党中央の新疆に対する政治的コントロールが確立された.その一方でイリ・アルタイ・タルバガタイの3地区でムスリム反乱が勃発し,同年11月にはイリで「東トルキスタン共和国」臨時政府が成立した.いわゆる「三区革命」である.三区革命側によって組織され,その勢力拡大のために派遣されたいわゆる「民族軍」の部隊が,天山山脈を越えてアクス方面に進撃した.国民党側の地方政府はその勢力拡大を警戒し,クチャにおいても政府側と三区革命支持派の青年グループとの緊張関係が醸成されたと考えられる.その後,ソ連の仲介により中国政府と三区革命側との間で和解交渉が行われ,その結果,民主主義的政策の履行や民族の権利の保証などを標榜する11 ヶ条和平協約が締結されると,それに基づき両者から人員を出す新疆省連合政府が成立した.11 ヶ条協約の規定に従い,各地方において県長と省参議員を任用するための選挙を実施することとなった.その中で,三区側と国民党側との対立が先鋭化していく.クチャで問題の事件が発生したのは,このような情勢下においてである.

　現代中国における公式見解に沿った歴史叙述では,この事件の概要について以下のように伝える.新疆省連合政府から各地区に「監選小組」が派遣され,選挙の公正な実施を監督する活動に従事した.クチャを含むアクス地区に派遣された選挙監督人員たちはアクス到着後,国民党駐在軍の監視下に置かれた.また,三区寄りの傾向をもつアクス地区の専員(行政長官)は軟禁され,進歩的青年・民主人士たち十余名が逮捕されたという.さらに,11月19日に開催された民衆大会において,国民党のクチャ駐在軍が,ダウト・ワンの省参議員への選出に同意しない群衆に発砲し,7-8人を殺害した.これらの結果,各県の県長・参議員には,ダウトをはじめとする親国民党分子が当選したという(新疆三区革命史編纂委員会 1994: 201-202).

　すなわち,ダウトは親国民党派の人物として参議員に選出されたが,その過程で流血事件を招いたというのである.現代中国において三区革命はその

進歩的な側面から中国革命の一部と評価される一方，それと対立した国民党側は反動勢力とされていることから考えると，ダウトが中華人民共和国成立後に「歴史反動分子」という罪状で罰せられたことも根拠のないことではない．

当時の三区革命側で刊行されていた『キュレシュ *Küräsh*』（闘争）誌に掲載された記事にも，この事件に関連してダウトの名前が登場する．新疆省連合政府時代の状況として，国民党側が口先では和平協約や民主主義を尊重すると言いながら，実際はソン Song 司令（新疆警備総司令の宋希濂）の指揮下に安寧，和平協約，三区，三区代表に対して闘争をしかけたことを指摘し，その証拠として，国民党側がクチャのダウト・ワンを始めとする各地の（ウイグル人やカザフ人などの中における）反逆者・裏切り者たち，すなわち反動勢力を扇動して連合させ，三区に敵対する活動をさせたこと，「クチャのディン・シャンジャン Ding shanjang（県長の丁立楠），ジャン・ジュジャン Jang jujang（警察局長の張靖平），ユ・トゥアンジャン Yu tuanjang（クチャ駐屯国民党軍騎兵団指揮官の劉承緒），ダウト・ワンたちの指導下に，ホルン・バーグという場所に，人々から意見を聴取すると称して1万人の人々を集め，その人々に弾丸を浴びせた流血の出来事」を挙げている（"Yoqalsun Sharqī Turkistānda ri'aksiyon küchlär" 1947: 9-10）．すなわちダウトは，三区側から見て国民党「反動派」の手先という裏切り者として，そしてクチャでの虐殺事件における，いわば首謀者の一人として告発されているのである．

これに対し，『西域往事』におけるダウトの叙述は，当時の自らの行為が脅迫によって強いられたものであったと弁明する．ダウトはこの時期，他の南新疆のウイグル人有力者たちとともにウルムチで三区側指導者との会合に参加し，進歩的な青年とともにクチャに戻った．ダウトは進歩的な青年たちと交流し，彼らとともにクチャでの金曜礼拝の際に，ジャーミー（大モスク）であるハニカ・モスク（漢語名：庫車大寺）で，三区側に立った宣伝活動を行った．ところが，1946年11月15日に李清貴というウイグル・漢族混血の警察局通訳がダウトのもとを訪問し，ダウトと青年たちが反政府活動を

していると強く非難し，ピストルをちらつかせてダウトが活動から手を引くように迫った．ダウトが県長の丁立楠からの呼び出しを受けてそのもとに赴くと，警察局長の張靖平が，三区側との関係を含むダウトの行動をすべて把握していると脅した上で，県長が，ダウトがもし悔い改めなければ西北公署で監禁するという内容の，上部からの電報と称するもの（実は偽造であったという）を読み上げ，ダウトを脅迫した．ダウトは彼らに，青年たちの革命運動から抜け，今後運動に参加せず，国民党を支持する，と表明せざるをえなかった．19日，県政府が全県民衆大会を開催した際，ダウトは彼らによって用意された原稿を読み上げ，そこで青年委員会を脱退し，政府を擁護することを表明した．一団の青年たちはダウトらを糾弾し，自分たちに演説させるよう要求したが，騎兵団副団長の唐秀栄は壇上で青年たちに対し，君たちを鎮圧すると恫喝した．まさにそのとき一発の銃声が響き，それをきっかけに周囲の軍警が民衆に向けて発砲し，死傷者が多数出たという（許 2006: 6-11）．

　要するに，ダウト自身は，地方政府側から偽の命令書や銃器による脅迫を受け，やむなくその指示に従った結果，青年たちの三区側に立った活動に反対する演説を行わざるをえなかったこと，発砲事件そのものにはいっさい関与していないことを強調している．これにより，復元されたクチャ王府の「象徴」となるに際しての，自らの歴史的局面における言動の負の側面を減殺しようとしたように見える．

　さて，回部王公にまつわる文化遺産の顕彰と観光資源としての活用に関連した歴史叙述・歴史表象についてもうひとつ注目されるのは，回部王公の主体的な中国王朝への帰順・貢献という，領域統合へとつながる側面だけでなく，そこに別の要素が埋め込まれていることである．

　たとえば，クムルの王陵におけるシャー・マクスードらの廟（写真11）の形態について，王陵における紹介パネルには以下のような叙述を見出すことができる．「イスラーム的風格の7世ベシル王のグンバズとイードガーフ・モスク，および中原建築の風格と地方建築の風格が融合一体化した台吉（タ

第 3 章　中国新疆における清代回部王公の現代　115

写真 11　シャー・マクスードの廟

イジ）墓と 9 世回王陵」からなり，それらは「各族の工匠の智慧の結晶であり，多種の文化が相互に影響し合い融合した証拠であり，さらに民族団結の象徴である」と[45]．また，クチャ王府の「庫車王室歴史展館」におけるパネル掲示には，「クチャ王府は，典型的なイスラーム建築様式，中原の建築様式，ロシアの建築様式，そしてクチャ地方の建築様式が融合した建築であり，各族の工匠の智慧の結晶であり，また，各民族文化が相互に影響し合い融合した証拠でもあり，さらに民族団結の象徴である」と述べられている．両王府におけるパネルの言説は，とくに末尾の部分の表現が具体的な語彙も含めほぼ同一であり，その点も甚だ興味深い．

　現存する文化遺産との関連でとくに注目されるのは，クムルの王府にかかわる例であろう．それは，前述のハミ王歴史陳列館における展示スペースのほぼ中央に配置された「クムル王宮建築記念碑」（石碑）のレプリカである．この石碑の現物はウルムチ市の新疆ウイグル自治区博物館に所蔵されている．1950 年代に新疆で調査を行ったソ連の言語学者テニシェフによれば（Tenishev 1959），その内容の主要部分の大要としては，「アブル・ナースィ

ル・ムハンマド・シャーヒー・ベグ Abū al-Nāṣir Muḥammad Shāhī Beg の子ウバイドゥッラー・ベグにアッラーの恩寵がありますように．エジェン・ハン（＝清朝皇帝）からヒタイ（漢族？）[46]の工匠を招いてきて，ムスリムたちの利益と城市の美観のために，この大いなる建物を建造した．」とあり，紀年はヒジュラ暦1118年（1706-07年）である（佐口 1995: 217-218）[47]．これによると，王宮（王府）を指すと思われる建造物が，清朝皇帝から招かれた漢族と思われる工匠の手によって作られたとされているのである．「復元」された王府の「王爺台」の各建造物は，中国中心部における建築様式の外観を具えている．これが，直接的に中国王朝の関与のもと，中国中心部からの影響により形象化したものであることを証拠立てる根拠として，当該石碑レプリカは展示されていると考えられる．

　トルファン郡王の場合，現存する遺産としての蘇公塔の形状などに，明確な漢文化の影響を見出すことは難しい[48]．しかし，テレビ・ドラマ『吐魯番郡王』においては，主要な登場人物の一人として，物語の進行上も重要な役回りを担わされている，包蘇文という人物に与えられた特有な役割を挙げることができる．包は架空の人物である．漢族商人で，生き別れになった娘を探しながら中国骨董品の店を構えてトルファンに滞在しているという設定である．トルファンでエミン・ホージャと交流をもち，さまざまな場面において相談相手となり，清朝の将軍である満洲人の魁福という人物とも協調しながら，折に触れてエミン・ホージャに対して有効な方策を授ける．また，飲茶文化など漢族の文化をエミン・ホージャに教え，エミン・ホージャを次第に感化していく逸話が一再ならず提示される．すなわち，フィクションとはいえ，エミン・ホージャという実在した人物をめぐる歴史表象の中で，その人物を通じて漢文化がウイグル人社会に影響を与える様子が描かれていると言える．

　以上のように，文化遺産の特徴などに着目することを通して，回部王公というウイグル人有力者を介して，中国中心部の漢文化の影響とその接合ないしは融合という現象が当該地域の文化に顕在化したことを証拠立てる言説や

モチーフが，対象となった回部王公に関連する歴史叙述や歴史表象には巧妙に組み込まれているのである．

ところで，観光スポット化した回部王公にかかわる諸施設を見て回り，その過程で関連する歴史的な言説に触れる大部分の人々は内地からの漢族観光客であり，回部王公に関する漢語のドラマや小説の受け手もその大半は漢族の視聴者や読者であると考えられる．歴史上，観光事業が活性化したこの20年間ほど，内地の漢族が実際に周縁地域に足を運び，少数民族の社会・文化に触れる機会が創出されたことはないであろう．

たしかに中国における民族観光においては，漢族から見てのエキゾチックなイメージの投影とそれに即したディスプレイが行われるというある種の「オリエンタリズム」が内在化しているともいわれる．そのような「他者」としてのエキゾチックな地域や人々に対するイメージの中に，いま見て回っている地域がたしかに歴史上も国家の領域の一部であり，いま見ている珍しい文物も実は中原地域との交流の産物であり，漢族の影響によるものであるという感覚が，歴史文化遺産という実在する物体にまつわるこのような展示と表象を通して織り込まれ，定着化させられるのではないかと思われる．

おわりに

文学作品を含め，1990年代以降に出版されたウイグル人知識人たちによる清朝時代から近代に至る歴史の叙述において，回部王公がどのように表現されているかという問題については，別途検討課題となるであろう．現段階の暫定的な印象としては，公式的なものはともかく，回部王公が正面から取り上げられたものはいたって少ないと考えられる[49]．近年出されている回想をもとにした歴史上の人物たちの評伝的な著作にせよ，雑誌の歴史関係の記事にせよ，歴史小説にせよ，当該時代に関して主に取り上げられるのは，近代にウイグル人社会の近代的な改革，とくに教育・文化的活動に従事した

知識人・指導者たちであり[50]，前述の三区革命などで活躍した政治指導者たちである．また，割合としては少なめであるが，清代に活動した詩人や歴史家などの知識人たちもテーマとして設定されることがある．そして留意すべきは，このような民族史にかかわる叙述において，文化的側面での中原地域との関係性に重点が置かれることは少ないということである．当該地域における近代性の受容と浸透は，もっぱらロシア領のタタルスタンや中央アジア，トルコなど，西方のイスラーム地域との交流を介して，ウイグル人指導者たちの主導のもとに開始され，進捗したという構図が提示される．

このようなウイグル人社会内部における知識人を主体とする文化動態のあり方は，回部王公関係の施設が観光スポット化され，関連する一部の人物たちに関する歴史叙述やドラマが漢語で創作・表現された動きとは乖離しているように見える．そういう意味でも，回部王公関連施設の観光資源化とそれにまつわる歴史叙述・歴史表象が，ある方向性からの政策的なベクトルに沿って表面化したものであることがうかがわれる．

他方，回部王公関係者が行政上なんらかの役割を担ったそれぞれのウイグル人地域社会において回部王公がどのような存在であり[51]，現在どのように感覚されているかという問題にも大変興味深い面がある．そのイメージは，おそらくはウイグル人知識人たちの描く民族史の枠組みに縁取られながらも，その内実は聖者伝説なども含む，地域社会における歴史的記憶を反映した伝承に根ざしつつ鋳造されるものであるに相違ない．また公式的な歴史叙述とも幾許か共振する部分をもつ可能性もある．一部の回部王公の「王府」や代表的な歴史文化遺産が，領域統合と民族団結を象徴する歴史的なモニュメントとして大々的に整備され，観光スポット化している現況が，地域社会における「歴史」に対してどのような影響を与えるのか，注視していく必要があるだろう．

1) 詳しくは，拙稿（新免 2003）などを参照．
2) クチャ王府の「庫車王府歴史展館」には，クチャのハディー・ベグの子孫であ

るムハンマド・エミンを親王に進封する袁世凱の「大総統令」の文書（中華民国2年3月）が展示されている．
3) イスカンダル・ホージャは，タシュケントで勉学したことで知られる．1935年に，病気治療のためタシュケントに1か月滞在したが，その際に新疆省政府によってソ連に派遣され，タシュケントで留学生活を送ったウイグル人青年たちとともに，タシュケント大学で2年間勉学したという．
4) 一族の子孫たちの現状については，クチャの王公一族の子孫以外，知見が非常に乏しい．筆者は，トルファン盆地のアスターナで前述のイスカンダル・ホージャの子孫と称する男性と偶然知り合ったことがある．
5) 清朝時代に清朝政府によって構築され，清朝の官僚や軍隊が駐在した新城は，現在のクムル市の市街地の中心部分に該当するようである．中華人民共和国成立後に城市壁が破壊されたため，断言はできないものの，往時の回城に該当する領域は現在もウイグル人の集中居住地区となっている．
6) http://www.nach.gov.cn/col/col1649/index.html．国家文物局サイト「国務院関于公布第六批全国重点文物保護単位名単的通知」（2015年6月閲覧）．
7) 総敷地面積は6,000平方メートルとされる（張勝儀 1999: 166）．
8) 東西20メートル，南北15メートルとされる（新疆維吾爾自治区文物局編 2011c: 188）．
9) 下部は一辺が15.5メートルの正方形，建物の高さは15メートルある（新疆維吾爾自治区文物局編 2011c: 188）．
10) 東西60メートル，南北38メートル，内部の支柱101本というかなりの規模をもつ（新疆維吾爾自治区文物局編 2011c: 188）．
11) 佐口透の研究に詳しい（佐口 1986: 223-229）．
12) 管見の限り，清朝時代の漢語文献に当該名称は現れない．『回疆通志』巻11には，礼拝寺一座，傍らに磚塔一座という記述がみられる．また，清朝末期の1891年に陶保廉が新疆省巡撫に赴任する父の陶模に随行した際，トルファンについて叙述している中で，纏回（＝ウイグル人を指す）礼拝時とその古塔として言及しており，蘇公塔という名称ではない（陶保廉 1898，巻6: 28）．他方，1904年に訪問したル・コックは「アミン・ホージャのモスク」と呼称している（Le Coq 1928: 55, Plate2）．また，マンネルヘイムは，このモスクをミナール・メチェット（マスジド（＝モスク）の現代ウイグル語形）としている（Mannerheim 1969: 351, 359）．当時のトルファン郡王イミンと交流のあった両ヨーロッパ人が蘇公塔とは異なる名称で言及しているという事実は，20世紀初頭の段階で，少なくとも郡王家を軸とするトルファン地域社会のウイグル人の間において「蘇公塔」という名称が一般的なものではなかったことを示唆している．しかし，1908年に訪問した大谷探検隊の野呂栄三郎は，蘇公塔とその側にある「回教堂」について記録する中で，「蘇公塔」という呼称を使用している（上原 1937: 500）．また，1916-17年に新疆を訪問した中華民国財政部の謝彬は，「回寺」（モスク）とその傍ら

の「蘇剛塔」について伝えており（謝 1923: 94），20 世紀初頭より，とくに漢語としての「蘇公塔」ないしはそれに類する名称が登場することは確実である．トルファン郡王家が実質的な権力を喪失した清朝末期以後にこの名称が出現し，とくに漢人や日本人の旅行者によって使用され，現在一般化しているという経緯には興味深いものがある．

13）別の研究によれば，高さ 36.35 メートル，底部直径 11.5 メートル（張勝儀 1999: 174）．

14）トルファン（吐魯番）市葡萄郷ムナル（木納爾）村（新疆維吾爾自治区文物局編 2011d: 151）．

15）http://www.nach.gov.cn/col/col1646/index.html．国家文物局サイト「国務院関于公布第三批全国重点文物保護単位名単的通知」（2015 年 6 月閲覧）．

16）http://www.nach.gov.cn/col/col1644/index.html．国家文物局サイト「国務院関于公布第一批全国重点文物保護単位名単的通知」（2015 年 6 月閲覧）．

17）http://news.ts.cn/content/2011-03/01/content_5626320.htm．天山網 2011 年 3 月 1 日「呉賢雕：写作是我一生不懈的追求」（2015 年 6 月閲覧）．

18）http://www.gov.cn/fwxx/ly/2006-06/29/content_322734.htm．中国中央政府サイト，2006 年 6 月 29 日「新疆吐魯番郡王府影視城開業」（2015 年 6 月閲覧）．

19）ルクチュン王府涼亭がルクチュン（魯克沁）鎮第一中学内にあったというが，倒壊によりピチャン（鄯善）県ピチャン鎮バザール（巴札）村沙山公園内に移築された（新疆維吾爾自治区文物局編 2011d: 157）．また，沙郡王夏府旧址がピチャン（鄯善）県ドランカン（達朗坎）郷にある（新疆維吾爾自治区文物局編 2011d: 226）．

20）http://www.xjass.com/ls/content/2009-08/18/content_104580.htm．「従庫車王到形象大使」（新疆哲学社会科学網，2009 年 8 月 18 日）（2015 年 6 月閲覧）．

21）作者がクチャを訪問してダウトと面談したのは 2004 年 9 月であり，王府の再建事業が決定されたのが同年春であり，第 1 期工事の竣工が翌年 6 月である．この作品の執筆が，観光資源としてのクチャ王府の再建・公開事業とセットでなされたものであることは疑いない．

22）http://www.chinanews.com/gn/2014/07-31/6445517.shtml．「中国最后的世襲王爺臨終遺言：堅決維護民族団結」（中国新聞網，2014 年 7 月 31 日）（2015 年 6 月閲覧）．

23）1811–1824 年にヤルカンドのハーキムを務めた（聶，王 2002: 43）．父のオスマーンより「貝子」の爵位を継承しており，「バイスィ・ハーキム」の「バイスィ」とは爵位の「貝子」にほかならない．

24）ヤルカンド・ハン国の王陵であるアルトゥンとヤルカンドの守護聖廟とも言えるチルテンの聖者廟（新免 2010）との間，ヤルカンド市の広大な墓地の中に位置する．

25）17 世紀に活動したスーフィー指導者．この地域で最初にムスリムとなった伝説

をもつカラ・ハン朝のサトク・ボグラ・ハン Satuq Boghra Khān の墓を発見したと称するとともに，ヤルカンド・ハン国の君主アブドゥル・ラシード・ハン 'Abd al-Rashīd Khān より尊崇を受けた．濱田の研究を参照（濱田 1991: 94-98）．

26) ユーヌスは，第4代のトルファン郡王．カシュガルのハーキムを長期間務めたイスカンダル（エミン・ホージャの息子）の息子であり（佐口 1986: 178），ヤルカンドとカシュガルのハーキムを務めた．この墓廟とホージャ・ムハンマド・シャリーフの墓廟については，澤田の研究も参照（澤田 1999: 66）．

27) トルファン盆地中央部のアスターナ（三堡）における広大な墓地の中に位置する．葬られているのは，イスラームの伝教のために当地に来て殉教した聖者とされる．第3代郡王のイスカンダル・ベグ Iskandar Beg によって建てられたグンバズ型建造物は，現在，なかば崩壊した痛々しい姿を晒している．文化大革命時に破壊されたと言われる（王 1996: 53; 新免，真田，王 2002: 176）．この墓廟は，郡王家の墓所ともなっていたと考えられ（佐口 1986: 230-231），文化財に関する公式的な刊行物においては，「吐魯番郡王墓」として掲載されている（新疆維吾爾自治区文物局編 2011d: 146）．

28) 中国の文献においては，当該墓廟の「アブドゥル・ラフマン」は 1780 年代にヤルカンドにワン（王）とされたとあり（Rahile Dawut 2001: 77），また当該墓廟の建築は 1805 年とされている（新疆維吾爾自治区文物局編 2011a: 162）．1827-33 年にヤルカンドのハーキムを務めた，ホージャスィ・ベグの子孫のアブドゥル・ラフマン（河野 2013: 33）とは時代的に合わないが，他に該当する同名の人物は見出せない．

29) この人物については，20世紀初頭に完成したウイグル人歴史家の著作の中で，ヤルカンドのハーキム時代に，知識人を保護するなど地域社会に貢献した逸話が伝えられている（Mulla Musa Sayrami 1988: 135-136）．

30) 中国で刊行されている主要な旅行ガイドブックに，本墓廟に関する記載は見出されない．管見の限りでは，地方的な観光地図（陳，焦主編 2011）には掲載されている．

31) 本テレビ・ドラマにおいて，石慧琼は「出品人」，孫昌華は「総策画」としてクレジットされている．

32) 1950-1960 年代には，地元のトルファンで中国共産党トフスン（托克遜）県第一書記，トルファン（吐魯番）中心県委員会副書記などを歴任している（中共吐魯番地区委員会組織部等 1991: 15, 17）．

33) 実際，テレビ・ドラマではテムルの名前が「総顧問」としてクレジットされている．

34) テレビ・ドラマでは，尤小剛の名前が「顧問」としてクレジットされている．

35) 日本の人類学者も初期の段階より注目し，研究成果もかなり出されている．

36) 2007 年にはイリ市においても，政府により投じられた1億元で整備されたウイグル人居住地区の一部が，「喀賛其（カザンチ）民俗旅游区」として開業した．

37) 同時期にカシュガル地区など地方行政レベルでも観光振興のための計画策定などが進められた（Adil Muhemmet 2012: 94）．
38) 1990 年代に国家旅游局によって実施された観光プロモーションの中には，「中国文物古跡游」も含まれていた．中国においては，行政レベルで進捗した文化遺産の重視，保護，指定，整備の動向と連関しながら，その一部について観光資源としての活用が推進されたと考えられる．この点については，新疆の例も含め，別途検討される必要がある．
39) http://www.xjass.com/ls/content/2009-08/18/content_104580.htm（新疆哲学社会科学網：従庫車王到形象大使，2009 年 8 月 18 日，稿源：新疆経済報，作者：卉子）(2015 年 6 月閲覧)．
40) 興味深いことに，ジュンガルもここでは中国領内の勢力として，中国に後元朝という自分たちの王朝を立てようと清朝に対抗している，という基本的なプロットが設定されている．
41) この小説におけるダウトの口述と思しき部分は小説の地の部分とは異なるフォントで表示されており，読者は該当部分を区別することができる．ただし，作家がクチャでダウトと面談したことは間違いないものの，口述部分となっている部分が本当にその口述内容を精確にうつしたものかどうかは必ずしも明らかでない．内容から見ると，少なくとも部分的には，ダウトの口述に基づいて叙述されていることがうかがわれる．
42) http://www.chinawriter.com.cn/zxhy/member/5666.shtml．中国作家網，中国作協会員辞典，許福蘆（2015 年 6 月閲覧）．
43) この点については，ダウト自身も，初代のハディーのみならず，19 世紀後半のムスリム反乱の際に反乱者たちに抗して犠牲となったアフマド・ワンの事績を強調している（李海波 2004: 59）．
44) http://www.xjass.com/ls/content/2009-08/18/content_104580.htm（新疆哲学社会科学網：従庫車王到形象大使，2009 年 8 月 18 日，稿源：新疆経済報，作者：卉子）(2015 年 6 月閲覧)．
45) 王陵における独特な建築様式のもつ文化的要素については，このパネルの表現と類似する見解が他の論文などにも示されている．それによると，最上部のカブト型屋根は満洲・モンゴル文化の影響，上部の八角堂型部分は漢族文化の影響，そして内部のドーム型天井はイスラームのグンバズ式建築であり，中華民族文化がすでに多元的で統一的であることを説明する，とされる（黄達遠 1999: 61）．他方，あるウイグル人著者の著作では，中国内地から新疆への回族の移住が促進された後，回族の建築文化の影響がウイグル人にも及んだ実例のひとつとして，シャー・マクスード（9 世）廟の建築が挙げられている．
46) 19 世紀のテュルク語歴史書において「ヒタイ」は主に漢族を指すと推定されるが，満洲族を含む場合もあると考えられる．
47) ウイグル建築史の著作には，この碑文の現代ウイグル語への翻訳が示されてい

るが，訳語が多少調整されている（Alimjan Mexsut 2000: 290）．
48) 朱慧静は，蘇公塔を塔建築のひとつとしてとらえ，塔が仏教の伝播にともなって中国に入り，発展したことを指摘した上で，塔建築が中国において次第にその宗教的色彩を薄くし，各地において建築芸術の象徴的存在となったと主張する（朱 2013: 18-19）．そこでは，これがミナレットという，ムスリム住民の社会生活にとって特有の機能を担う建築物であるという面が捨象されている．
49) クムルのベシル・ワンとその夫人の事績について描いたアイシャム・エフメト Aysham Exmet の小説があり，漢語に翻訳されている（阿依夏姆・艾合買提 2015）．
50) 該当する文献は大量に見出せるが，たとえばトルファンならば，トルファン郡王ではなく，近代的な新方式教育に関与したマクスード・ムヒーティやアブドゥハリク・ウイグルらの事績に焦点を当てたものが多い（Ömerjan Sidiq 2003; Muhemmet Shahniyaz 2004 などを参照）．
51) この点に関するひとつの例としては，ロシアの言語学者カタノフがトルファンで収集した口碑資料があり，それには，トルファン住民の目に映った領主的な存在としてのトルファン郡王の姿が表れている（佐口 1986: 191-194）．

参 考 文 献

阿依夏姆・艾合買提（2015）『黙罕黙徳・伯希爾親王』（玉蘇甫・艾沙訳）烏魯木斉：新疆人民出版社．

陳靖，焦揚主編（2011）『新疆喀什地区莎車県、沢普県、叶城県、巴楚県文化旅游地図』上海：中華地図学社．

陳震東（2004）「清后叶新疆庫車王府乌議」『福建工程学院学報』2004 年 1 期．

方素梅（2010a）「従《回部公牘》看民国前期回族的政治参与活動」『民族研究』2010年 1 期．

方素梅（2010b）「《回部公牘》与其史料価値」『青海民族研究』第 21 巻第 1 期：82-85．

関震華（1985）「新疆回部王公世系之研究」甘粛省図書館書目参考部編『西北民族宗教史料文摘 新疆分冊・下』甘粛省図書館：613-618（原載：『西北問題』1934 年第 1 巻 1 期）．

韓林芝（2014）『対口援疆与新疆貧困地区経済発展』北京：冶金工業出版社．

黄達遠（1999）「九世哈密王陵新考」『新疆大学学報（哲学社会科学版）』第 27 巻第 4 号：59-61．

黄建華（1992）「額敏和卓以后諸吐魯番回部郡王事略」『喀什師範学院学報（哲学社会科学版）』1992 年第 4 期：31-38．

李海波（2005）「達吾提・買合蘇提：最后的庫車王」『中国青年』2005 年第 20 期：57-59．

李中耀（1999）「雪暗黄沙草木香——肖雄筆下的七世哈密王伯錫爾」『西域研究』1999

年第 4 期：77-80.

馬曉娟（2012）「清朝法制在吐魯番地区的重建（1877 年-1911 年）」『新疆大学学報（哲学・人文社会学版）』第 40 巻第 1 期：61-66.

蒙藏院封敍科／撰（1925）『蒙回藏王公扎薩克銜名總表一卷』民國十四年排印本.

聶紅萍，王希隆（2002）「鄂対家族与清代新疆政治」『中国辺疆史地研究』第 13 巻第 2 期：39-47.

蘇北海，黄建華（1993）『哈密，吐魯番維吾爾王歴史（清朝至民国）』烏魯木斉：新疆人民出版社.

陶保廉（1898）『辛卯侍行記』養樹山房刊，光緒 23 年.

呉賢雕（2006）「運行的人——大型電視連続劇《吐魯番郡王》主題歌詞」『新聞天地』2006 年第 10 期：51.

武夫安，貴福（2004）「最后的王爺」『検察風雲』2004 年第 19 期：50-51.

夏訓誠，胡文康編写（1978）『吐魯番盆地』烏魯木斉：新疆人民出版社.

西北平原（2001）「末代庫車王的六次啼笑姻縁」『中国民族博覽』2001 年第 5 期：12-16.

謝彬（1923）『新疆游紀』上海，民国 12 年.

賢雕（呉賢雕），買提尼牙孜・庫爾班（2004）『吐魯番郡王』烏魯木斉：新疆人民出版社.

新疆三区革命史編纂委員会（1994）『新疆三区革命大事記』烏魯木斉：新疆人民出版社.

新疆維吾爾自治区地方志編纂委員会，《新疆通志・旅游志》編纂委員会（2008）『新疆通志第五十六巻 旅游志』烏魯木斉：新疆人民出版社.

新疆維吾爾自治区文物局編（2011a）『新疆維吾爾自治区第三次全国文物普査成果集成・喀什地区巻』北京：科学出版社.

新疆維吾爾自治区文物局編（2011b）『新疆維吾爾自治区第三次全国文物普査成果集成・阿克蘇地区巻』北京：科学出版社.

新疆維吾爾自治区文物局編（2011c）『新疆維吾爾自治区第三次全国文物普査成果集成・哈密地区巻』北京：科学出版社.

新疆維吾爾自治区文物局編（2011d）『新疆維吾爾自治区第三次全国文物普査成果集成・吐魯番地区巻』北京：科学出版社.

許福蘆（2006）『西域往事——新疆最后一個王公 200 年的家族記憶』北京：華文出版社.

張双智（2010）『清代朝覲制度研究』北京：学苑出版社.

張勝儀（1999）『新疆伝統建築芸術』烏魯木斉：新疆科技衛生出版社.

中共吐魯番地区委員会組織部，中共吐魯番地区委員会党史弁公室，吐魯番地区行政公署档案処（1991）『中国共産党新疆維吾爾自治区吐魯番地区組織史資料』烏魯木斉：新疆人民出版社.

周軒（2009）「末代庫車王達吾提」『読書』2009 年第 4 期：43.

朱慧静（2013）「火州漫游蘇公塔」『吐魯番』2013 年第 3 期：17‐19.

Abduraxman Abdulla(2002), *Tashkentchiler*, Ürümchi: Shinjang Xelq Neshriyati.
Adil Muhemmet(2012), *≪Qeshqer≫ Mejmu'esi(18): Qeshqer Sayahetchiliki*, Qeshqer Uyghur Neshriyati.
Alimjan Mexsut, Abdushukur Mexsut(2000), *Uyghur Binakarliq Tarixi*, Ürümchi: Shinjang Xelq Neshriyati.
Mehmet Ali Taşçi(1985), *Esir Doğu Türkistan İçin: İsa Yusuf Alptekin'in Mücadele Hatıraları*, İstanbul: Doğu Türkistan Neşriyat Merkezi.
Muhemmet Shahniyaz(2004), *Abduxaliq Uyghur*, Ürümchi: Shinjang Xelq Neshriyati.
Mulla Musa Sayrami(1988), *Tarixi Hemidi*, Nashrge teyyarlighuhi: Enwer Baytur, Bejing: Milletler Nashriyati.
Ömerjan Sidiq(2003), *Idiqut Ewladliri: Muhitilar Jemeti*, Ürümchi: Shinjang Xelq Neshriyati.
Rahile Dawut(2001), *Uyghur Mazarliri*, Ürümchi: Shinjang Xelq Neshriyati.
Sopaxun Süwürof(2011), *Men Kechken Kéchikler*, Beyjing: Milletler Nashriyati.
"Yoqalsun Sharqī Turkistānda ri'aksiyon küchlär"(1947), *Küräsh*, 1947‐08/09(19/20): 4‐12(1947‐yil, 8‐ay).

上原芳太郎編（1937）『新西域記』（下巻）有光社.
王建新（1996）「トルファン地域文化における分立と統合：ウイグル族の日常生活と聖墓信仰をめぐって」『内陸アジア史研究』11 号：41‐64.
河野敦史（2013）「18～19 世紀における回部王公とベク制に関する一考察──ハーキム・ベク職への任用を中心に──」『日本中央アジア学会報』第 9 号：19‐48.
佐口透（1986）『新疆民族史研究』吉川弘文館.
佐口透（1995）『新疆ムスリム研究』吉川弘文館.
澤田稔（1999）「タリム盆地周縁部イスラーム史跡調査報告」『人間文化学部研究年報（帝塚山学院大学）』創刊号：49‐70.
新免康（2003）「中華人民共和国期における新疆への漢族の移住とウイグル人の文化」塚田誠之編『民族の移動と文化の動態──中国周縁地域の歴史と現在』風響社：479‐533.
新免康（2010）「オアシス都市ヤルカンドとイスラーム聖者廟」中央大学人文科学研究所編『アフロ・ユーラシア大陸の都市と宗教』中央大学出版部：145‐178.
新免康，真田安，王建新（2002）『新疆ウイグルのバザールとマザール』東京外国語大学アジア・アフリカ言語文化研究所.
高山陽子（2007）『民族の幻影──中国民族観光の行方──』東北大学出版会.
濱田正美（1991）「サトク・ボグラ・ハンの墓廟をめぐって」『西南アジア研究』34：89‐112.

Bovingdon, Gardner(2010), *The Uyghurs: Strangers in Their Own Land*, New York: Columbia University Press.

Brophy, David(2008), "The Kings of Xinjiang: Muslim Elites and the Qing Empire," *Etudes Orientales*, 25: 69–90.

Le Coq, Albert von(1928), *Buried Treasures of Chinese Turkestan*, translated by Anna Barwell, London: George Allen & Unwin Ltd.

Mannerheim, C. G.(1969), *Across Asia from West to East in 1906–1908*, I, Oosterhout N.B.: Anthropological Publications.

Newby, Laura(2005), *The Empire and the Khanate: A Political History of Qing Relations with Khoqand c. 1760–1860*, Leiden: Brill.

Tenishev, E. R.(1959), "Uigurskie epigrafika Sin'tsiana," *AN Kaz. SSR, Issledovania po tiurkologii*, Alma-Ata, 79–91.

第4章

新疆における少数民族漢語普及教育政策の成立
―― HSK という検定試験の導入をめぐって ――

王　瓊

は じ め に

　1996年，中国国家教育委員会は，北京の中央民族大学の次に，新疆財経大学で HSK（漢語水準試験，以下同）の試験場を設け，この試験の標準化に向けて，漢語教育の強化を本格的に行った．さらに1997年，同委員会は新疆全域，内モンゴル，吉林，遼寧，黒龍江，青海，四川，甘粛，西藏（チベット），雲南などの少数民族の地域にも HSK の導入を拡大した．2007年からは，MHK（少数民族漢語水準試験，以下同）の試行が始まり，2010年10月から正式的に行われた．この一連の試験制度の変動によって，少数民族に対する漢語教育はようやく標準化の軌道に乗った一方，これまでの漢語教育の在り方や少数民族の大学入試，就職，昇進の要件が大きく変わった．

　新疆の漢語教育は，歴史，民族，言語などの関係で，その水準は全国的に最も「後れた」地域とされている（鞠2007：53）．それにもかかわらず，国家はなぜこのような地域をモデルに HSK を導入し，そこから全国に推し広めていったのだろうか．つまり，誰が，どのような目的で，何をきっかけに，どのようにして，「後れた」地域である新疆で HSK の運行を主導し，90年代後半以来の漢語一本化強化，さらに漢語普及の教育政策を成立させたの

か．本章では，新疆においてHSK体系が確立される経緯を中心に，その政策成立の実像を文献および関係機関の内部資料に基づいて探っていきたい．

1. HSKの登場

(1) HSK登場の背景

1992年，中国政府の「全国第4次民族教育工作会議」によって，新しい経済，社会発展期の少数民族教育の方針が確立された．その中で，少数民族全体の教育について，「経済水準が極めて遅れている少数民族地区の教育水準の格差を縮小し，少数民族教育の発展を全国教育の発展や少数民族地区の経済，社会の発展に適応させるよう」と今後の少数民族教育発展の方向を明示した（呉1998：164-165）．

新疆では，1995年8月から「科技興新」（科学技術で新疆を振興する）という社会発展の戦略から「科教興新」（科学技術，教育で新疆を振興する）へと転換した．すなわち，教育に基づき，すべての民族の文化素養を向上させようという大方針である．また，経済建設の中心も，科学技術の進歩や労働者の素養を向上させることに移行された（呉，郭2009：100）．この背景をもとに，各大学の行政側は少数民族教育の現状や少数民族の学生の将来を考えて，少数民族教育の質を高めることは当面の急務であり，それを実現するために少数民族教育改革をしなければならないという認識に立った．こうした政策決定に基づいて1995年，新疆財経学院（現在の新疆財経大学）をはじめとし，少数民族教育の改革が始まった（新財課題組1996：内部資料）．

新疆財経学院が少数民族教育の改革を始めた先駆となったのは，李儒忠という人物である．新疆におけるHSKの導入を主張したのが李儒忠である．その経緯は次のようである．

1995年，新疆イリ師範学院（新疆伊犁師范学院）院長の李儒忠は新疆財経学院の党委員会書記に着任してきた．李儒忠は新疆イリ師範学院にいた

1993-1994 年の間に，すでに少数民族の学生に向けて HSK の導入を試みた．財経学院に転任してから，学院の少数民族教育改革について李儒忠は「民漢兼通，漢語授課」（少数民族語，漢語の両方に通じるために，漢語で授業を行う）が少数民族教育の質を高める鍵であり，改革の核心でもあるという少数民族教育改革の方針を指摘した上で，少数民族学生の漢語能力を高めることを中心に，教育改革に取り組んだ．その理由を，李儒忠を中心とする学院の管理層は次のように述べている（新財課題組 1996：内部資料）．

1) 自治区は 1984 年以来，ずっと「民漢兼通」（少数民族語，漢語の両方に通じる）という少数民族漢語教育の目標を提唱している．しかし，十数年間漢語を学習しても，漢語で聞く，書く，読む，話すことができない少数民族の学生は多数いる．これは少数民族学生の就職にとって，非常に不利であり，新疆社会経済の発展や自治区の安定団結にとっても有害である．

2) 漢語は全国の財政，経済体系の職場の使用言語であるため，財経学院を卒業した少数民族の学生が，漢語をうまくできなければ，実際には仕事に就くことができないことを意味している．

3) 数学，理科などの科目の内容改革に比べて，漢語改革は主に教育方法の改革や実際能力の訓練を強化することであるため，その実施の可能性は高く，かつ漢語はすべての科目と関連性があるので，改革の効果は大きく，すぐに検証することができる．

また，当時の学院の管理層は漢語教育改革の中核は「考試制度」（試験制度）の改革であると考えていた．理由は今までの大学入試の漢語成績が，少数民族学生の実際の漢語水準を表しておらず，信用できない試験制度とみられていたからだ．この論点を裏づけるために，学院側は 1995 年新疆財経学院少数民族学生の入試成績において，漢語と漢語以外の科目の点数にどの位の差があることかを次の表で明示した（少数民族学生の大学入試の外国語科目は漢語である）．

表　1995年新疆財経学院少数民族学生の入試における科目別の点数に関する抽出調査

学生 \ 科目		ウイグル語	数学	漢語	物理	化学	歴史	政治	総計
1	3010238	103	19	139			79	89	429
2	301006	119	26	139			43	78	405
3	3010083	130	9	141			45	76	401
4	4010124	105	26	149	25	35			340
5	4230049	124	44	136	8	39			341

注）1. 科目ごとの配点は150である．
　　2. 文系は歴史，政治で，理系は物理，化学で受験する．それ以外の科目は文理共通の科目である．
出所：新疆財経学院HSK課題組の内部資料．

　この表で示したように，文系少数民族学生の漢語科目の点数は自分の総合点数の3分の1強を占め，理系少数民族学生の漢語科目の点数は自分の総合点数の4分の1を占めている．つまり，少数民族学生の大学入試合否は漢語によって決められている．またこの表に示されたような漢語の点数を取ることができれば，これらの少数民族学生は自由に漢語を使える能力を持っているはずである．しかし，実情としては，少数民族学生の大多数はたとえ大学に入っても，漢語の実際の応用能力は依然として低いままであると学院側は分析した（新財課題組1996：内部資料）．

　以上の分析に基づくと，大学入試の漢語試験は難度が低く，試験の範囲も教科書に限るのではないかという結論が出された．李儒忠が主導する学院の管理層は本学院の少数民族学生の漢語の実際応用能力や少数民族教育の質を高めるために，漢語の実際の応用能力を重視し，権威のある国家レベルの「漢語水平考試（HSK）」を導入することを主張した．

(2)　HSKの位置づけ

　1995年10月，HSKは新疆財経学院で試行された．1996年1月，国家「漢語水平考試（HSK）」事務室は新疆財経学院での「漢語水平考試（HSK）」の

正式的な運行を認めた．同年6月15日，新疆財経学院では，第一回新疆「漢語水平考試（HSK）」を行い，参加人数は1556人であった．1996年9月，国家「漢語水平考試（HSK）」委員会は新疆財経学院に「漢語水平考試（HSK）試験場」を設立した（鞠2006）．国家は新疆が全国最大の少数民族省区であり，そこにいる少数民族の漢語水準は全国的に最も「後れた」地域であるため，新疆におけるHSKの成功運行を全国的な指導意義につなげることを図ったのではないかと言える．つまり，国家レベルの強力な支持によって，新疆においてHSKは漢語教育改革の象徴として，急速に少数民族教育の重心に位置づけられた．

ところが，HSK導入の理由をさらに検討してみると，少数民族学生の漢語水準を確実に評価することは，「民漢兼通」理念を具体化させたものと同じではないだろうか．すなわち，HSKによる漢語教育改革の出発点は相変わらず「民漢兼通」の達成をめざしているが，その定義上の重心はすでに「漢語に通じる」ことへと指向している．

2. HSKによる漢語教育の変動

(1) HSKの確立と「老八条」(最初の8ヶ条政策)

新疆財経学院は，標準化された手段で漢語教育の効果を評価することができるHSKに応じるために，少数民族学生における授業はウイグル語に替わって，漢語で行うことが明確にされた．また，学校行政側はHSKの等級によって，少数民族学生の合格基準，今後の高等教育段階の漢語教育強化などについて詳しく考案した．その具体的な内容は以下のようである（新財課題組1996：内部資料）．

1) 入学後ただちに予科部でHSKを行う．3級以上の者は本科（4年学制），専科（2年学制）の少数民族班に入り，1年生になる．5級以上の者は理系の本科，専科の漢族班[1]に入り，1年生になる．6級以上の者は

文系の本科，専科の漢族班に入り，1年生になる．予科の段階で3級に達しなかった者は，本科，専科の1年生にはなれない．
2) それぞれの大学の漢語試験を HSK に代替させる．そして取得した HSK の等級資格は資格試験の効用を持って，今後の就職や昇進の基準にもなる．とくに，5級以上の達成者に対しては，優遇政策を制定する．
3) 師範大学や師範専門学校に入学後早速 HSK を行う．卒業生は今後，教師になれるかどうか，自分が取得した HSK の等級資格によって決められる．
4) 大学入試の漢語試験を HSK に代替させる．

このような幅広い漢語教育の強化を達成するために，1995年9月，新疆財経学院は学院内の漢語教育に対して，「关于民族教育改革的決定」（少数民族教育改革に関する決定）を制定した．それを要約すると次のようになる（老八条）[2]．

1) 自本学年起，我院采取国家汉语水平测试（HSK），以此为中心，进行汉语教学的全面改革．

　　本年度から，我が学院で「国家漢語水準試験（HSK）」を採用する．これを中心に，漢語教育の全面的な改革を展開していく．

2) 95级新生入学后，要对民考民的少数民族学生进行 HSK（摸底性质），5级以上者免修预科直接进入专业班学习，5级以下者分级进行预科汉语学习．

　　95年度の民考民[3]の少数民族新入生を対象に HSK を行い（水準を詳しく知るために），5級以上の者は予備科段階の学習を免除し，直接本科，専科の1年生になる．5級以下の者は資格等級によって予備科段階の漢語学習を進めていく．

3) 94，95级民族本科学生毕业时 HSK 必须达到7级．

　　94，95年度の少数民族学生は大学本科を卒業する時に，HSK の7級に達し

なければならない.

4) 自 95 级开始，对民考民少数民族新生进行集中教学和管理.
　　95学年度から，民考民の少数民族新入生に集中して教育を行い，管理する.
5) 加大预科阶段汉语课课时量，每周不少于 30 课时.
　　予備科段階での漢語授業の時限を増やし，最低でも毎週 30 コマ行う.
6) 对预科学生进行相对集中管理.
　　予備科部に所属する学生を相対的に集中して管理する.
7) 汉教部要围绕 HSK，积极开展科研活动.
　　漢語教育研究部は HSK を中心に，科学研究活動を積極的に行うべきである.
8) 会议决定在适当时候进行民族教师的 HSK.
　　会議で，適当な時期に少数民族の教師を対象に HSK を行うことを決めた.

　ここにみられるように，「老八条」によって HSK が確立され，漢語教育改革も本格的に発足した．そして財経学院は HSK を通して，学院内の少数民族教育改革にも積極的に取り組み始めた．ここで注目すべきことは，「老八条」の中で，少数民族の教師をも HSK の対象範囲に組み込んだことである．これは今まで少数民族教師の漢語レベルの基準が定まっていなかったことが「民漢兼通」の未達成の要因であったことを是正するための政策上の補充と考えることができる．「老八条」はその後 1999 年実施された「新八条」，2002 年実施された「又八条」へと展開され，最終的には，行政側の介入によって，政策的に HSK を検定制度のひとつからウイグルなどの少数民族社会全体に機能させていった．

(2) 漢語教育の拡大

　1997 年，新疆教育委員会は，新疆における HSK の導入について，以下のように専門家の意見をまとめた：HSK を新疆の漢語教育に導入し，それを少数民族教育と一緒に研究することは新疆の教育において，前代未聞の壮挙である．HSK は教育界だけではなく，社会全体にも影響を与えている．

HSK は社会全体の漢語教育に対する認識を深化させ，ただ重要な教育改革のひとつなのではなく……（中略）各民族の共同繁栄を促進させ，新疆の社会安定に積極的な貢献をしている．HSK の導入は自治区の二十数個の大学の予科漢語教育において明確かつ科学的な基準をもたらした．したがって，漢語学習は知識経験学習から能力学習へと転換した．HSK の応用範囲は広く，多くの社会的総合利益をもたらす．そのため，今後の自治区の大学，専門学校，小・中学校の漢語教育は HSK を中心に教育計画を立てるべきである（鞠 2006）．この専門家の意見は HSK に対する新疆政府の基調とも考えられ，少数民族教育において HSK を中心にすることが確定された．

このように，新疆財経学院の HSK の経験や以上の専門家の意見（＝新疆政府の基調）に基づいて，1997 年，国家教育委員会は，「関与在少数民族学校推行中国漢語水平考試（HSK）試点的通知」（少数民族学校における中国漢語水準試験〈HSK〉を試行する通知）を公表し，1998 年から，新疆，内モンゴル，吉林，青海，チベットなどの少数民族地区に 2 年間 HSK を試行し，また，少数民族学生の大学入試の漢語成績に替えて，HSK の成績を用いた．新疆の場合，1998 年から，大学入試に HSK を導入し始めた．1999 年，HSK は大学入試の漢語総合点数の 30％を占め，2000 年にはその割合を 80％に拡大し，2001 年からは，正式に大学入試の漢語試験に替わることになった（鞠 2006）．

HSK の導入とともに，1998 年，自治区教育委員会は「関与大力開展教師継続教育和加強少数民族中，小学漢語教師隊伍建設的意見」（教師の研修教育や少数民族小，中学校漢語教師陣の強化に対する意見）を制定した．この中で，少数民族の教師について，漢語教師や非漢語教師にかかわらず，すべての教師に対して HSK の等級資格が要求された．要求された等級資格に達しなければ，教職の昇進はできず，研修や教壇から離れる可能性もあることとなった（鞠 2006）．

HSK の導入に従って，1998 年から，自治区教委は各大学の予科部の新入生の募集制度を改革した．それとともに，少数民族学生の大学本科段階の学

制も変わり，今までの「一，四式学制」が「二，三式学制」に変わった．すなわち，少数民族学生が大学入学後に受ける，「1年間の漢語学習（予備科教育）＋4年間の基礎課程や専門課程の学習」という学制を「2年間の漢語や基礎課程の学習＋3年間の専門課程の学習」という学制へ変更したのである（呉，郭 2009：92）．これは，基礎課程を2年に延長し，専門課程を1年短縮し，全体的には漢語学習の時間を1年間延長したことになる．つまり，少数民族学生の大学本科段階の学制変更は，実質的には大学段階の「漢語教育の拡大」と言ってもよい．

以上の諸検討を見ると，HSKをきっかけに，高等教育段階の漢語教育は大きく変わった．具体的には，1．漢語教育の時間が延長された．2．漢語水準に対する評価の対象範囲が少数民族学生から少数民族教師を含むすべての少数民族に拡大した．3．今まで漢語と併用して教育現場に存在していた少数民族語への配慮がなくなった．この三つの変化は1996年以後の新疆高等教育段階における漢語教育の基本特徴ともなった．

新政策によって漢語は唯一の教授言語として，高等教育段階の上位言語となり，漢語教育の目標である「民漢兼通」理念はここで「少数民族語」の部分と離れ，「漢語」の部分だけを推進することへと変わった．

3. 教育制度の再調整

(1) 「新八条」による漢語の教授言語の確立

1995年にHSKが新疆に導入されて以来，少数民族教育における漢語教育が重要な位置に置かれているが，少数民族学生の漢語水準がこれによって大幅に向上することは予想どおりには実現しなかった．新疆の大学の中で，HSKによる財経学院の少数民族学生の漢語水準もあまり高くないため，就職はかなり厳しい状況にあった．これは漢語教育の課題となり，少数民族教育の新問題ともなりえると学院側は判断している（鞠 2007：56-57）．これを

受けて少数民族学生の就職競争力を高めるために，1999年，財経学院は漢語教育を主として，少数民族教育全体における新たな改革方策を採用した．この新たな改革方策は「新八条」（最初の8ヶ条政策と対照して）と呼ばれ，高等教育の授業言語を漢語に統一することが始まるきっかけとなったものである．「新八条」によって，高等教育を始め，少数民族学生や教師に対する漢語水準の要求がさらに高くなり，少数民族教育において極端な漢語教育偏重も始まった．そして漢語が唯一の教授言語として少数民族教育の高等段階に浸透していったのである．「新八条」の要旨は以下のとおりである（鞠2007：57-60）．

1) 进一步明确和提高民族学生通过HSK的等级标准．97年以后民族本科毕业生HSK达到8级方可获得毕业证和学位证．专科毕业生HSK达到5级方可获得毕业证．

  少数民族学生に対して行われるHSKの合格基準をよりいっそう明確にし，その基準を上げる．97年から少数民族の本科卒業生はHSKの8級を達成できなければ，卒業証書や学位証書をもらえない．専科卒業生はHSKの5級に達成しなければ，卒業証書を取得できない．

2) 强化预科教学．HSK与课堂教学考试并行．

  予備科段階の教育を強化する．HSKと学校テストを並行して行わせる．

3) 认真执行十六字方针[4]，提高专业教学质量．

  十六文字の教育方針を真剣に実行し，専門教育の資質を高める．

4) 实施优秀预科结业生重点培养计划．单独编制教学计划，全部课程由汉族教师讲授．

  予備科を卒業した優秀な学生を対象に，独自の人材養成教育計画を立てる．すべての授業を漢族の教師が担う．

5) 迅速提高民族教师的素质．民族教师45岁以下原则上HSK要达到8级，2001年达到10级．达不到者待岗培训，待遇不变．培训不合格，从工资中扣除培训费用．职称评定与HSK挂钩，并逐步提高等级．

  早急に少数民族教師の素養を高める．45歳以下の少数民族教師はHSKの8

級に達しなければならない．2001 年までには 10 級に達しなければならない．達成できない者は一時的に教職を離れて研修する．この間の待遇は変わらない．研修をしても不合格の者は，給料から研修費用を差し引く．教職の昇進は HSK と直接関連し，その水準を徐々に高くする．

6) 自本決定頒布之日起，我院的教学用语统一使用汉语，兼用英语．

本決定を公布した本日より，我が学院の授業用言語は漢語に統一するが，英語を使用することもある．

7) 规范并严格考试考核．全院民汉各科考试考核并轨统一，统一试卷，流水阅卷．

試験考査制度を厳しく規範化する．学院の少数民族，漢族の試験システムをひとつにし，試験用紙と解解答用紙を統一して一緒に採点する．

8) 学院各层次，各专业一律使用教育部推荐的汉文教材，并尽可能地使用优秀汉文教材．

学院の各学科，各専門の教科書は一律に教育部が薦める漢文教科書を採用し，できるだけ優秀な漢文教科書を採用していく．

「新八条」は「老八条」よりも明確に漢語教育の全面強化が示されたが，2000 年から，少数民族学生の就職状況によって，さらに教育政策の調整が行われた．

(2) 「又八条」による漢語教育から共通語教育への移行

1994 年，中央政府は「関与〈中国教育改革和発展綱要〉的実施意見」(「中国における教育改革・発展の綱要」の実施に関する意見）を発表し，それによって，大学や専門技術学校の学生募集数が拡大した．その結果，大学を卒業した学生の人数はますます急増し，2001 年には，全国的に大学新卒の就職が厳しい状況に陥った．新疆の場合，大学新卒の平均内定率（84％）は全国（75％）より高いが，そのうち，漢族大学新卒の内定率は 85-90％，ウイグルなどの少数民族の大学新卒の内定率は 60％未満である．内定できない学

生はそのまま地方に戻り，その大部分（85.37％）は，職に就けずにいる．この就職の問題が新疆の社会安定にとって新しい課題となったのではないかと各級行政機関や教育管理層は考えた（鞠2007：68-69）．

この現実状況に対応するために，1995年以来常に新疆民族教育改革の最先端に位置している財経学院は，2002年「関与全面提高少数民族教育質量，増強少数民族毕業生就業能力的決定」（少数民族教育の質を全面的に高め，少数民族新卒の就職能力を強めることに関する決定）を発表した．この改革方案は「老八条」(2. 1)，「新八条」(3. 1)に合わせて，「又八条」(次の8ヶ条政策)と呼ばれた．それは以下のように要約できる（鞠2007：70-75）．

1) 认识和目标．深刻认识全面推进民族教育改革的必要性，全面提高民族学生的文化素质和就业能力，使民族毕业生能熟练地运用汉语，熟练地掌握一些基本技能和专业技能．

　　認識と目標．少数民族教育改革の必要性を深刻に認識し，少数民族学生の文化素養や就職能力を全面的に高め，卒業生は漢語を自由に使いこなし，基本的かつ専門的な技能を身に付ける．

2) 改革民族教学管理体制．严格入系标准，经HSK达标考试，提前达标者提前进入专业学习，不达标者延长学制，达标后可进入专业学习阶段．

　　少数民族教育の管理体制を改革する．直接（予備科から）学部に入って専門学習を開始できる基準を厳しくする．HSKによる合格者は予備科を卒業しなくても，専門学習を開始することができる．不合格者は予備科段階の学習期間を延長し，合格するまで専門学習を開始することはできない．

3) 进一步加强和改革汉语教学．以MHK（中国少数民族汉语水準等级试験）[5]为导向，强化民族学生的汉语写作和口语表达能力．坚持汉语授课制度，使民族学生达到HSK 8级毕业标准．坚持汉语为学院的工作语言．

　　よりいっそう漢語教育を強化し，改革する．MHKを中心に，少数民族学生の漢語作文と口頭表現力を強化する．漢語で授業をする制度を引き続き行い，少数民族学生を8級の卒業基準に達成させる．漢語を学院の工作言語とすることを堅持する．

4）加强两课教育（爱国主义教育和无神论教育）和人文素质教育．汉族教师和干部要定期举办内容广泛的人文教育讲座，扩大民族学生知识视野，使民族学生在更加广泛的层面上学习汉语，学习人类各民族的优秀文化，使汉族干部和教师更多地参与民族教育教学．

　　両課教育（愛国主義教育と無神論教育）と人文教育を強化する．学院内の漢族幹部と教師は定期的に幅広い内容がある人文教育講座を催す．これによって少数民族学生の知識視野を拡大し，より広い方面から漢語や人類の各民族の優秀文化を学習すると同時に，漢族の幹部と教師を少数民族教育のことに多く参加させるようにする．

5）依托专业强化职业技术教育．

　　専門に基づいて職業技術教育を強化する．

6）汉族干部，教师承担更多的民族教学任务，为提高民族教学质量作出贡献．

　　漢族の幹部，教師の多くが少数民族教育の任務を担い，少数民族教育の質を高めるために貢献する．

7）加强就业指导，进一步完善学生管理体系．各系部选拔部分优秀的汉语教师担任班主任，使民族学生在今后的学习，生活中获得良好的关心和管理．

　　就職指導を強め，さらに学生管理体制を完備する．優秀な漢語教師を選び，彼らに各学部（少数民族クラス）の担任を負かせ，少数民族学生における今後の学習や生活に関心を持って管理する．

8）进一步提高民族干部，教师的素质．2005年以前，全院95％以上的民族教师要通过HSK 9级以上，同时采取措施全面提高民族教师汉语口头表达能力和普通话水平．35岁以下的民族教师要考研，到2005年各系部民族教师研究生比例达到20％．

　　少数民族幹部，教師の素養をさらに高めていく．2005年までに，95％以上の学院の少数民族教師がHSKの9級に達成しなければならない．それと同時に少数民族教師の漢語口頭表現力と普通話レベルを全面的に高めていく措置

を取る．35歳以下の少数民族教師は修士課程を履修し，2005年までに各学部の少数民族教師の20％以上が修士号を取得しなければならない．

「又八条」は漢語教育をバイリンガル方式から脱却させて，漢語単一言語教育へと変えるものであり，こうした漢語教育の改革が実際には少数民族教育の改革の中心であることがわかる．また，今後のMHK（当時は開発中）に応じるために，人文教育や普通話を強調しながら，国家の文化を注入し，言語的にも国家概念を増進させようとしている．これは，少数民族教育において多言語使用という政策を取らずに，漢語単一言語思想のもとで漢語教育政策が推行され，目的が「漢語精通」（＝漢語を自由に操る＝普及）へと向うことを示唆している．

つまり，財経学院による「老八条」，「新八条」と「又八条」の順次実行によって，新疆の高等教育の現場では，少数民族教育における漢語の比重が一方的に高まってきた．また，この三つの政策によって，漢語は高等教育において唯一の教授言語である上位言語として認められた．現在，高等教育においてウイグルなどの少数民族の言語の使用は禁止されていないが，実際には少数民族文学や少数民族芸術関連の科目に限定されている．

教育の分野だけではなく，HSK検定試験の権威性は国家や新疆政府の強力な介入によって，急速に新疆少数民族社会に広がりつつあり，ほとんどの職場ではHSK検定試験の等級が少数民族新人募集の必須条件とされた[6]．そのため，少数民族社会においても，漢語学習の必要性を真剣に考えるべきであるという主張が強く叫ばれるようになった．これが漢語教育改革のひとつの到達点と言えよう．

4．HSKの問題点

HSKによって少数民族教育の現場における漢語の勢力は拡大していった

が，少数民族の共通の言語とはなっていないことは明らかである．まして，漢語が少数民族語に取ってかわることなど，とても予測できない一方，少数民族の中では漢語学習の機会や動機が少ないため，なかなか漢語がうまくできないで自信を喪失し，教育から孤立した状態に陥るケースも少なからずあるようだ（アナトラ・グリジャナティ 2008：19-20）．これは学生たちの漢語学習の経験とかかわっており，HSK 制度上の問題も無視できないと考えられる．その制度上の問題点は次のように挙げられよう．

(1) 構造の欠陥

　HSK 試験の出題は，全部で四つの項目に分かれる．それぞれの解答は四つの選択肢から正解をひとつ選ぶ形式になっている．そのため，あまり文書や文字を書くことがなく，まったく理解できていなくても，選択肢から正解を選ぶ確率は 25％である．事実上，HSK の 5，6 級に達しても，読む，書く能力が完全でないケースも珍しいことではない．すなわち，書く能力を考察する内容を試験の問題構成に組み込まなければ，日常的な学習や言語訓練の中でも重要視されない．結果，HSK の高等級取得者は必ずしも漢語の高能力者とは言えなくなる．

　こうして，少数民族の求職者は漢語の聞く，話す能力を持っているが，読む，書く能力はあまり高くない．つまり，仕事に要求されている「民漢兼通」の水準を満していないため，就職しても，仕事についての能力評価や昇進が難しくなることがある．この HSK の構造上の欠点が，少数民族と政府の「民漢兼通」の基準に対する認識にずれをもたらす要因となった．

(2) 実際の言語使用にそぐわない「標準語」テスト

　HSK の出題に用いる言葉遣いは標準語（普通話）である．これは外国人にとっては十分だが，国内の少数民族にとっては状況が異なる．中国では，外国人に対して標準語を使うことが当然であると思われているが，国内の少数民族に対しては，標準語を使う意識がなく，逆に自然に居住地域の漢語の言

葉（標準語ではないことが多い）を使うことが多い．したがって，少数民族の学習者にとって，漢語学習の内容は標準語以外にも，中国人同士にしか理解できない内容もたくさんある．外国人と中国の少数民族を同様に扱うことがHSKの第二の欠点だと言える．

　言語というものは話し手の社会的な特徴（社会階級，人種，年齢，性別のような）に従って変わるだけでなく，その人が置かれている社会的な場面によっても変わるものだ（P.トッラドギル 2000：115）と言われているように，HSKの試験範囲や内容が少数民族の実生活に直接かかわるテーマが少ないため，その制度自体がいくら完璧であっても，多くの少数民族の人々の間で，漢語を使用しようとする動きにつながっていかない．こうした出題内容の配慮のなさも大きな問題である．また，内容上全国統一の無神論思想に基づく学習資料のみを採用しているが，これに対してイスラームを信仰するウイグルの学生がどの程度受け入れているのか，抵抗感を抱くか否かも問題である．

(3) 冗長な試験時間

　HSKの第三の欠点は，試験時間の長さである．基礎が 135 分，初．中等は 145 分（休憩なし），高等は 180 分（途中 10 分休憩である）である．国内の少数民族学生は，ほとんど基礎や初．中等の試験を受けている．筆者の経験から言っても，生徒・学生の日常的な授業は 50-90 分程度であり，学校の期末試験はほとんど 60-120 分である．それに比べてみると，HSKの初．中等の試験時間の長さは，それだけでつらく感じる人も少なくない[7]．このような制度から生まれた個人差は，同じ語学力を持っている学生に対しても評価が異なる結果になることも推察できる（近年行われている新 HSK[8] や MHKはHSKのこの欠点に注目し，試験の時間をすでに短縮している）．

　以上より，HSKは体系的にいくつかの問題点を持っているが，これらだけが「民漢兼通」を達成できないすべての原因ではなかろう．少数民族語を主体とする小・中・高校の少数民族教育の内情に十分に沿わずに，急に漢語

を大学教育の中の唯一の教授言語として確立し，検定手段を変えるだけで，「民漢兼通」に到達できると楽観的に考えていることが最も大きな原因であると考える．

　また，上は HSK に対して現実以上の希望を持ち，その漢語教育改革の成果を急ぎ見るがために，強力な漢語教育改革策を相次いで打ち出したが，政策で示された所定の成果を十分にあげることができたとは言い難い．

おわりに

　HSK は漢語水準検定試験として新疆財経学院に導入された．学院内の漢語教育の質を高めることがその最初の目的であったが，その後，「国家漢語水平考試委員会辦公室」(国家漢語水準試験委員会事務室)(国家漢辦) や新疆政府に高い評価を得て，行政側の強力な推進策によって少数民族社会全体に適用されていった．つまり，HSK による少数民族教育において漢語は少数民族語を超えた地位が与えられ，漢語教育の最新目標も「民漢兼通」から「漢語精通」(普及) へと設定された．

　一方，ウイグルを主とする少数民族社会内部で優位性を保持しているウイグル語は，高等教育の現場では教授言語としての地位を失い，その勢力が後退したが，それだけで社会におけるウイグル語の衰退を言うことはできない．実際にウイグルの人々は家庭や授業以外の場では，ほとんどウイグル語を使用していることが調査によって明らかにされている（王，2011：291）．また新疆では，HSK を推進して以来，教育政策によって初，中等教育段階の少数民族学校におけるウイグル語教育は排除されているわけではなく，また漢族と接触する時に漢語の使用が強制されるわけではないため，ウイグル語は少数民族教育の中でも依然として重要な位置にある．ただし，漢語の強勢に対してウイグル語の保持，発展が今後の重要な課題になっていることは否定できない．

HSKは体系的には漢語教育の改革に役割を果たしているが，それ自体の欠点や政策上の不備により「民漢兼通」という理想実現はいうまでもなく，さらには「漢語精通」（普及）の徹底達成を図ることも難しい．行政側はHSKを受け入れる側であるウイグルなどの少数民族の言語現状に基づき，彼らの漢語習得にもっと接近する漢語水準試験の手段を模索し始めた．この新しい漢語水準試験の手段であるMHKについては，別の場を借りて検討していく．

　2013年，習近平国家主席は「一帯一路」（シルクロード経済帯『一帯』と21世紀海上シルクロード『一路』）発展戦略を打ち出した．これはアジア太平洋地域，中央アジアから欧州を経てアフリカに至るまでの広大な地域の共同発展を図るという「壮大なプラン」である．このプランによって，シルクロードに位置する新疆の社会，経済がどのように発展していくのか，また，その発展に合わせて，言語を超えて少数民族の社会，文化に深刻な影響を与える漢語教育がどのように変容していくのかを継続的に考察していきたい．

1) 漢語系クラスは漢族がほとんどであるが，母語が漢語である回族，満族などの少数民族の学生や民考漢（漢語で教育を受けた少数民族の学生）がいることもある．
2) 鞠文雁，2007：7-8頁．要約は合わせて8条であるので，この後の8項改革政策と関連して「老八条」と称している．
3) 少数民族語で大学までの学校教育を受け，少数民族語で受験した者を指す
4) 十六字方針というのは，「削枝保干，突出重点，保証基礎，掌握工具」という方針である．すなわち，民族教育において，必要な科目を残して，不必要な科目を取り除き，重心を置く科目を定め，基礎的な科目の習得を保証し，それを学ぶための言語および技術を身に付ける，ということである．
5) この時，新疆財経学院はMHKの提案者として，すでにMHKの設計，開発にかかわる試行が開始された．
6) 「2006年新疆维吾尔自治区面向社会公开考试录用公务员公告」によって，ウイグル語で受験する人は，「漢語基礎知識」が受験の必須科目である．HSK6級以上の証書を持つ者は，その科目の試験を免除する．「中国工商銀行新疆维吾尔自治区分行2008年招聘公告」によって，漢語で受験する人は，国家英語水準試験4級（学士）と6級（修士）の証書が必須である．ウイグル語で受験する人は，

国家漢語水準試験（HSK）8級以上の証書が必須である．http://xsc.qcy.cn/，2008年6月16日（新疆財経大学・学生工作処）の情報による．
7) 2008年に筆者が行ったアンケート調査の自由記入に，そういう意見があった．
8) 1989年に始まった北京語言文化大学漢語水平考試中心では，従来のHSK初，中等試験の内容および形態を見直し，改訂版HSKの名称をHSK「中級」（新HSK）と改めた．HSK「中級」試験には三つの科目があり，それぞれリスニング力，読解力，文章力，会話力に分けて測定できるように作成されている．これら三つの科目は独立しており，受験申込みや成績証書の発行は個別に行われる．希望の受験科目（1科目から3科目すべてを自由に選択可能）を受験することができるように改善された．

参 考 文 献

日本語：

アナトラ・グリジャナティ（2008）「幼児教育にみる中国新疆ウイグル自治区の双語教育」『アジア教育』2008年第2号，12-22頁．

王瓊（2011）「漢語教育に対するウイグル人の意識——教員と大学生に対するHSK，MHKに関してのアンケート調査から」梅村坦，新免康編著『中央ユーラシアの文化と社会』中央大学出版部，271-316頁．

P. トッラドギル著，土田滋訳（2000）『言語と社会』岩波新書．

中国語：

鞠文雁（2006）「漢語水平考試——新疆民族教育改革的突破口」「HSK10周年」講演．

―――（2007）『从伝統到現在（2）』新疆教育出版社．

呉福環，郭泰山（2009）『1949-2009新疆少数民族発展報告』新疆人民出版社．

呉仕民（1997）『中国民族政策讀本』中央民族大学出版社．

新疆財経学院HSK課題組（1996）『HSK与新疆高校民族教学質量』（内部資料）．

「新疆漢語水平考試」事務室のホームページ（http://www.xjhsk.cn/）．

「中国漢語水平考試介紹」（http//www.xjhsk.cn/）．

新疆財経大学・学生工作処信息．http://xsc.qcy.cn/（2008年6月16日アクセス）．

第5章

さまようアイデンティティ
――パールシーのコミュニティ維持対策とその課題――

香月法子

はじめに

　パールシー（インド系ゾロアスター教徒――後述）のアイデンティティ形成を考える上で，「ゾロアスター教徒である」ということが重要なことはいうまでもないが，ではパールシー＝ゾロアスター教徒，あるいはゾロアスター教徒＝パールシーなのか．まずパールシー＝ゾロアスター教徒は，そうではないといえる．キリスト教以外にもイスラーム教へ改宗したり，仏教へ改宗したりしたケースがある．またパールシーが入信式としているナオジョテを受けなければ，パールシーでゾロアスター教徒の両親の間に生まれてもゾロアスター教徒にはなれないのである．
　ナオジョテを受けることでゾロアスター教徒になる，ということは「生まれながらゾロアスター教徒である」ものはいない，ということになる．ではゾロアスター教徒になれるのはパールシーと，パールシーのいうところの同胞であるイラン系ゾロアスター教徒の子孫のみか．ゾロアスター教の聖典『アヴェスタ』において，このことに明確に答えている箇所はない．リヴァーヤットという宗教問答往復書簡などの史料から，ゾロアスター教への改宗がまれにかつ限定的ではあったが，パールシーおよびイラン系ゾロアス

ター教徒コミュニティにおいて，比較的好意的に受け取られていたことがわかっている（Dhabhar 1999: 276）．近年になってもパールシーと血縁関係のあるキリスト教徒がゾロアスター教徒へ改宗したり（Parsiana 1999: 38‒39, 48），15歳を過ぎてからナオジョテを受けたりしたなどの事例が報告されている（Parsiana 2004: 14）．だが昨今のオーソドックスと呼ばれるパールシーの主流派は，ゾロアスター教への改宗に否定的である[1]（Mistry 2004: 75‒77）．

「生まれ」というものが，ゾロアスター教徒になれる条件に含まれているのだろうか．これもまた『アヴェスタ』には明確に書かれていない．しかしオーソドックスなパールシーは，少なくとも父親がゾロアスター教徒であるもののみが，ナオジョテを受けることができるとし，ゾロアスター教を民族宗教としている（Mirza, JamaspAsa & Kotwal 1983）．これに反して現在，世界中にさまざまな出自を持つゾロアスター教徒が存在する．彼らは，ゾロアスター教は普遍宗教であるとし，生まれにかかわりなくゾロアスター教を信仰することができるとしている（Bekhrandnia 2011: 8）．パールシーでもゾロアスター教を普遍宗教と考える人々はいる．この見解の違いは，パールシー・コミュニティ内部に，改宗者と外婚女性のコミュニティへの受け入れに関して，分裂を引き起こしている．

ゾロアスター教は民族宗教か普遍宗教かについてなぜ，パールシーの間においても異なる見解があるのか．そのひとつの要因に欧米における研究がパールシーに与えた影響がある．改宗者らの受け入れに反対のオーソドックスな人々も，賛成のリベラルな人々も欧米のゾロアスター教研究を教えの基礎に取り入れている．しかし欧米のゾロアスター教研究，とくに教義に関する研究は，必ずしも現代のパールシーやイラン系ゾロアスター教徒が信仰するゾロアスター教を反映しているとはいえないのである．この現実と教徒のゾロアスター教教義理解の隔離が多様な意見を生じさせ，さまざまな問題への対応を複雑にして，教徒間の論争へと発展させているのである．

まず世界的に見て現在，ゾロアスター教徒と呼ばれる人々，あるいは自称する人々は次のように，大きく四つに分けることができる．（1）イランで先

祖代々ゾロアスター教を信仰してきた人々．ここでは彼らをイラン系ゾロアスター教徒と呼ぶ．(2) イラン系ゾロアスター教徒と祖先を同じくするとされ，かつ 10 世紀前後にイランからインドへ渡ったゾロアスター教徒らの子孫，つまりインドでパールシーと呼ばれるインド系ゾロアスター教徒のこと．ここでは便宜上，彼らをインド系ゾロアスター教徒とは呼ばず，パールシーと呼ぶ．(3) 先祖がゾロアスター教徒だったとする人々．イラン人やイラン系タジキスタン人などがそうである．彼らは北米やヨーロッパなどの国外に出ていることが少なくない．イラン人の場合，数百年前の祖先はゾロアスター教徒だったなどと (Jafarey 2007: 37-39)，かなり溯って言及することもある．一方イラン系タジキスタン人など，中央アジアのゾロアスター教徒たちは，ソビエト連邦による支配以前までは，先祖はゾロアスター教徒だったとする人々である (Master-Moos 2003: 37)．彼らをここでは自称ゾロアスター教徒と呼ぶ．(4) ゾロアスター教以外からゾロアスター教へ改宗したとする人々．これまでロシアやヨーロッパ，北米，中南米で改宗事例がみられる[2] (Sachkovskaya 1999: 55-56)．彼らをここでは改宗ゾロアスター教徒と呼ぶ．以上のように現代のゾロアスター教徒は，四つのカテゴリーに分けることができる．

　ゾロアスター教徒についての著名な研究家であるメアリー・ボイス (Mary Boyce, 1920-2006) の研究対象は上述の (1) イラン系ゾロアスター教徒と，(2) のパールシーに限られていた[3]．ボイスの後を引き継いだ形のジョン・ヒネルズ (John Hinnells, 1941〜) も，(3) の存在に言及しながらも，研究対象としては扱っていない．イランにおける自称ゾロアスター教徒については，1990 年以前に関して，ジャネット・アミギ (Janet Amighi, 1946〜) が研究対象として扱っている．中央アジアのゾロアスター教徒についてはバクラドニア (Shahin Bekhradnia, ?〜) が研究対象として扱っている．ソビエト連邦崩壊後の 1990 年代以降にその存在がパールシーにも知られるようになってきた (Sachovskaya 2000: 96-98)．(4) の改宗ゾロアスター教徒については，これまでまとまった研究はほとんど行われていない．彼ら改宗者の数はそれ

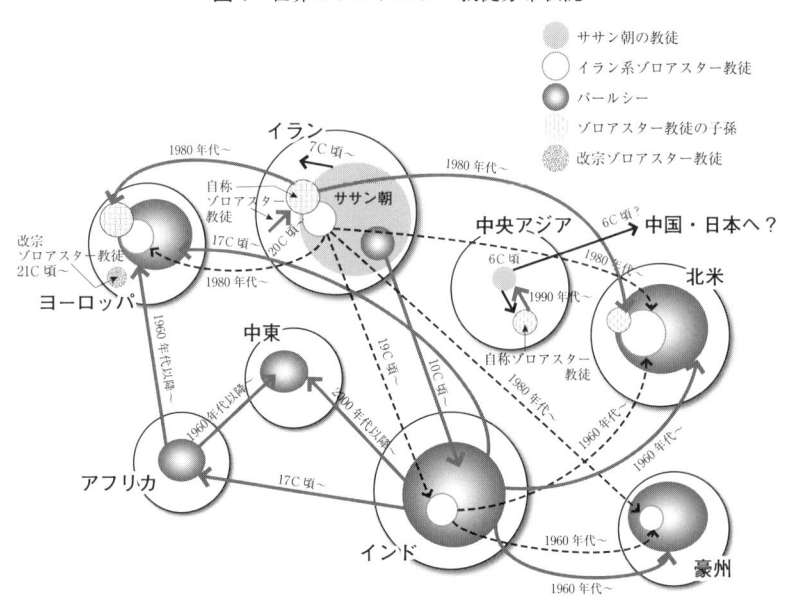

図1 世界のゾロアスター教徒分布状況

出所：筆者作成（主な参考文献：Boyce 2001, Amigi 1990, Hinnells 2005.）

ほど多くないと思われる．また改宗者同士で連携を取ったり，組織化したりしているわけではないことなどが，調査をしづらくしている原因と考えられる．いずれにせよ (1) と (2) に関する研究が圧倒的に多く，(3) と (4) に関しては，正確な実体はまだ掴めていないのが現状である．

図1は世界のゾロアスター教徒分布状況である．矢印は移住したことを現している．矢印上の年代は主な移動時期を示している．なお円の大きさは数に比例しない．また表1は (1) と (2) を合わせた，世界のゾロアスター教徒人口である．(1) と (2) に限ってみても，長い歴史を経てゾロアスター教徒は世界中に散在していったことがわかる．イラン系ゾロアスター教徒はイラン国内での移動を経て，現在はテヘラン，ヤズドなどに集中しているが，1979年のイラン・イスラーム革命を境に，多くが北米，欧州へと移住しており，最近の正確な数が掴めない．パールシーの場合，10世紀頃のイランからインド西海岸への移住に始まり[4]，その後，インドのグジャラー

ト地方各地に，そして現在では95％以上がムンバイに暮らしている．イギリスによるインド統治時代には，イギリス本国やその植民地（アフリカ，中国など）へ，インド独立後には北米，豪州などへ移住していった．これに（3）と（4）を加えると，現在ではとくに欧米において（1）から（4）まで，混在しているのがわかる．（3）の中のイラン人はイラン系ゾロアスター教徒と同様，1979年の革命後，とくに北米や欧州へ移住していった．（4）の人々は今のところ目立った移動はみられない．

パールシーは，イラン系ゾロアスター教徒との長い交流史および，欧米におけるそれまでのゾロアスター教徒研究が彼らを対象としてきたことから，ゾロアスター教徒とはパールシーとイラン系ゾロアスター教徒のこととらえており，彼ら以外にもいるかもしれない教徒のこ

表1 世界のゾロアスター教徒人口2012年まとめ（教徒による聞取り調査より）

国	人口（予想）
イラン	15,000
インド	61,000
アメリカ	14,405
カナダ	6,442
イギリス	5,500
オーストラリア	2,577
湾岸諸国	1,900
パキスタン	1,675
ニュージーランド	1,231
欧州，中央アジア	1,000
シンガポール	372
香港	204
南アフリカ	134
東アフリカ	37
スリランカ	37
マレーシア	43
日本	21
セイシェル	21
中国	21
タイ・ベトナム	16
フィリピン	15
アイルランド	10
南アメリカ	10
メキシコ・中央アメリカ	10
韓国	5
インドネシア	5
合計	124,953

出典：FEZANA Journal Fall 2013

とを具体的には考えてこなかった．想像したとしてもイランの山奥にいる，パールシーと先祖を同じくするとされる，伝説の隠れゾロアスター教徒くらいであった[5]．1990年代になってインターネットが一般に普及したこと

で，旧ソビエト連邦のタジキスタン，ウズベキスタンといった中央アジアの国々の自称ゾロアスター教徒たちが，北米のゾロアスター教徒に連絡を取ってきた（Bekhrandnia 1999: 49-52）．パールシーにとっては突然出現した自称ゾロアスター教徒たちを，最初は人口の増加ととらえ，好意的に受け止めていた．しかし自称ゾロアスター教徒たちから経済的支援の要望などが出てくると，次第にパールシーの間にパールシーとイラン系ゾロアスター教徒以外のゾロアスター教徒受け入れ容認と，受け入れ反対の両派ができてきた．そして両者の相違は，コミュニティを二分する論争へと発展してしまった．と同時に彼ら自身がひとつのゾロアスター教徒コミュニティとして団結するため，自分たちと他のゾロアスター教徒との違いを自覚し，それを具体的に表現し，内外に示さなければならない事態になっていった．だが1990年代当時，すでに空間的にグローバル化してしまっていたパールシーとイラン系ゾロアスター教徒にとって，彼ら特有のアイデンティティを探し出し，それを共有することは容易なことではなかった．その上，当時の世界情勢が彼らのアイデンティティ模索の道のりを複雑なものにした．

　本章は，どのような過程を経て，(1)と(2)の二つのコミュニティが再び出会い，どのようにして同じゾロアスター教徒としてのアイデンティティを形成しようとしているのかを，またその際にどのような困難や問題が生じ，それにどう対処しようとしたのかを述べるものである．

1. パールシーの歴史認識

　まずパールシーが自身の歴史をどのようにとらえているか考えたい．パールシーとはインドのゾロアスター教徒たちを指していることはいうまでもないが，ではパールシー史といった時，それはどこを始まりとするのか．ササン朝滅亡によってイランからインドへ移住したのだから，ササン朝滅亡からか．それともパールシーとはインドでの呼び方であるから，インド移住以後

からか．あるいはその先祖を溯ってアケメネス朝からか．筆者はパールシー史とはゾロアスター教史とは区別し，パールシーが形成される過程として，インド移住以後からをパールシー史と呼ぶべきと考える．そうするとパールシー史の始まりは大まかにいって，10 世紀前後である．その上で，パールシーが歴史を語る上で，参考にする史料などについて知る必要がある．

　一般にパールシーはゾロアスターの時代からササン朝滅亡後のインド移住までの歴史は，すべて欧米の研究成果を利用している．これ以降については，最初のインド移住から 16 世紀までの間の歴史を，『キッセ・イ・サンジャーン（Qeṣṣa-ye Sanjān, サンジャーン物語）』と呼ばれる物語的歴史書に頼っている．この書物は約 100 年前頃からパールシー一般に知られるようになったもので（Williams 2009: 7），彼らにとって比較的新しい史料であるものの，子供から大人まで誰でも知っている．

　『キッセ・イ・サンジャーン』は 1600 年に，聖職者バフマン・カイコバード・サンジャーナ（Bahuman Kaikobad Sanjana, 17 世紀前後）によってペルシア語で書かれた．パールシーの日常語であるグジャラート語ではなく，当時のインドの公用語であったペルシア語で書かれたということから，この書は内部にではなく，当時の支配者あるいはマジョリティに向けて書かれたと考えられる．内容はなぜイランからインドへ移住してきたのか，インドのどこに住み着き，地元の王とどのような関係にあったのか，彼ら独自の慣習にはどのようなものがあるのか，その意味は何か，信仰は何か，コミュニティ内の組織はどのように形成されて来たかなどについて，短くまとめられている．最近の研究から，ペルシア語から英語への訳において，誤りがみられることがわかっている．中には肝心な部分が誤解されたまま現代のパールシーに伝わっている箇所もある（Ibid., 177）．今ではパールシーの間においても，これは事実をまとめた歴史書ではなく，語り継がれた物語と理解されている．

　この他に 15 世紀以降を知る史料としての宗教問答往復書簡リヴァーヤット（Rivayat）がある（Dhabar: op.cit.）．またパテル（Bahmanji Behramji Patel, 1849～1908）とペイマスター（Rustam Burjorji Paymaster）編纂による『パー

ルシー・プラカーシュ（Parsee Prakash）』[6]や，それまでの史料をまとめたものとしてホディワラ（Shahpurshah Hormasji Hodivala, ?-1944）[7]やペイマスターの研究がある．さらに第1次史料としては，旅行者の目撃談や僅かな発掘調査がある（Paymaster 1954, Nanji & Dhalla 2000: 35-58）．『パールシー・プラカーシュ』とは，グジャラート語で書かれた，主に新聞記事にあるパールシーに関する出来事を編纂したものである．死亡記事や税金の額など生活に根ざした内容が書かれている．しかし現在のパールシーは，グジャラート語を話すことはできても，多くが読むことは苦手である．その上この本は版も限られていて，入手しにくいこともあり，いまだパールシー一般が，自らの歴史を認識する史料として利用されることは少ない．

　リヴァーヤットとは，宗教的質問事項をしたため，イランの同胞に回答を求めた往復書簡で，当時の出来事やその往復書簡発送の経緯，旅路での出来事，また当時のパールシーにどのような宗教的関心事があり，どの程度の宗教的知識があったかなどについて知ることができる．15世紀になってもインドに十分なゾロアスター教寺院がなかった，儀礼書や儀礼に使用する植物もなかった，といったことが読み取れる．そのほか，イランのどこにゾロアスター教徒が集中して暮らしていたか，インド，イラン間の道中，どんなことが起こったかなどについて，ある程度知ることができる．

　『キッセ・イ・サンジャーン』は，先に述べたようにこれを外部に向けて書いていると考えられるため，外部に知られてもよいことがパールシー自身によって選択されて書かれた内容だといえる．このため外部にだけでなく，現在のパールシー自身に対しても，本来の歴史は隠されたままである．そのほかの史料についても，具体的な内容や，当時の人々の暮らしが見えてくるような記述は多くない．人間の歴史である以上，争いや失敗，敗北など，目を向けたくない出来事があって当然であるが，そういった都合の悪いことはすべて抜け落ちているのである．だが移住初期から16世紀頃までのパールシー史に関する史料でパールシー一般に広く知られているものは，今のところこの『キッセ・イ・サンジャーン』のみである．このためパールシーは，

それを物語として理解しながらも，同時にそこに書かれていることを，そのままパールシー初期史として認識しているのである．

　16世紀以後はそれ以前に比べて，著しく情報量が増加する．先に上げたコミュニティ内の人物が書いた『パールシー・プラカーシュ』だけでなく，さまざまな研究者，デュペロン（Anquetil Duperron, 1731-1805）やトロントン（Douglas Thornton, 1873-1907），The National Geographic などによる詳細な記録がある．パールシーが経済的な活躍をするようになり，彼らのインドにおける黄金期を迎えると，新聞で取り上げられる内容も多岐にわたるようになっていった．さらに20世紀以降になると，彼らの経済的黄金時代を振り返る内容の書籍も多数，刊行された．一方，コミュニティ誌パールシアナ（Parsiana, 1965年創刊）ではたびたび，財閥一族や企業家，寺院建立をした一族などの家族史などの記事を掲載している．現在ではネット上にもさまざまな情報がある．ただし16世紀以前と同様に，パールシーにとってプラスのイメージになるような内容が圧倒的に多い．

　16世紀以前は当然のことながら，16世紀以降も，その語り方はパターン化している．とくに16世紀以降は経済的黄金時代を象徴するような成功物語に終始している．このように16世紀の前と後とでは，パールシー史の史料，情報量は大きく異なるが，全歴史を通してパールシーの史料は彼らにとってプラスと考えられる事柄に偏っているといえる．この傾向は当然，パールシーが自らの歴史を認識する際に大きく影響してくる．そしてそれはまた彼らがアイデンティティを模索するにあたって，混乱を招く要因ともなっているのである．

2. パールシーのイランへの郷愁

　インド移住後もパールシーはイラン系ゾロアスター教徒と連絡を取り合っていた．もちろん断続的にイランからインドへ移住してくるゾロアスター教

徒たちもいた．また15世紀になるとパールシーの間に経済的余裕が生まれ，宗教的な事柄にも財を投じることができるようになっていた．このため先に上げたリヴァーヤットを，イラン系ゾロアスター教徒と交換することができた．このリヴァーヤットはしばらく続いたし，またイランから聖職者が写本を携えて来たりすることもあった (Dhabar *op.cit.*: lix)．このようなパールシーとイラン系ゾロアスター教徒の交流から，両者の関係が密に形成されていたことがうかがわれる．

　ところが18世紀になり，両者の交流を分断する出来事が起こった．それは暦をめぐる問題である (Karaka 1884: 105-117)．インドへの移住などによってパールシーの暦はイラン系ゾロアスター教徒の暦よりも1か月遅れていた．これをイランの聖職者が指摘し，イランの暦に従うよう提案した．一部のパールシーはこれに従ったが，大部分は反対し，殺人事件まで起こすような対立に発展した (Maneck 1997: 128-150)．この出来事を境に，パールシーとイラン系ゾロアスター教徒の間で続いていたリヴァーヤットの交換は途絶えてしまった．同時にパールシーとイラン系ゾロアスター教徒の交流も途絶えてしまった．これ以降，パールシーはイギリス統治下のインドにおいて，ますます経済的，社会的に発展していく一方で，イラン系ゾロアスター教徒はカージャール朝下において，どんどん疲弊していった．

　イギリス統治時代，経済的にも社会的にも力を付けたパールシーは，インド人の中で最もイギリス人らしい，あるいは最も西洋化した人々といわれてきた (Ringer 2011: 42-46)．1921年のインド独立運動が高まる中，ヴィクトリア女王の息子の訪印ボイコット運動がムンバイで起こっても，パールシーは参加しなかった．このため後日，パールシー・コミュニティが独立反対者として，暴動の対象となったこともあった (Benjamin 2013: 402-403)．それほど西洋化は彼らのアイデンティティの一部を形成していた．しかしパールシーの間で，キリスト教への改宗はほとんどなかった．パールシーの間でもウィルソン宣教師のゾロアスター教教義批判や，キリスト教布教活動などが行われたが，この活動によるキリスト教への改宗者はほとんど出なかったのであ

る（Palsetia 2001: 105-120）．ゾロアスター教以外への改宗は，同時にパールシー・コミュニティの成員としては認められないことを意味していた．改宗することはコミュニティを出ることを自ら受け入れたことになるのである．イギリスの統治は，このようなコミュニティの体質までは変えることはできなかった．それは少なくともこの時までは，ゾロアスター教の信仰がパールシー・コミュニティの団結を支える力として有効であったことの証である．

19世紀後半に一人のパールシー商人マネクジー・リムジー・ハタリア（Manecji Limji Hataria, 1813～1890）（Boyce 1969: 19-31）が，商売を目的イランへ渡った（Ringer *op.cit.*: 146-154）．この時，彼はパールシーの同胞であるイランのゾロアスター教徒らの貧窮した状況を知り，他のパールシーらの支援を募って，イランのゾロアスター教徒の状況改善に尽力した．この時，ハタリアはカージャール朝と掛け合って，非ムスリムに課せられていたジズヤ（人頭税）を撤廃（1882年）させることに貢献した．

ハタリアにはイギリス政府の強力なバックアップがあったとされている（Grigor 2013: 17）．イギリスがインド同様，イギリスとイランの仲介者となりえる，かつイギリスに忠実な人々を求めていたであろうことは想像に難くない．当時のイギリス政府が，イギリスに忠実なインドのパールシーの同胞であるイランのゾロアスター教徒に，その可能性を見たとしても不思議ではない．同時にこの頃から宗教アイデンティティを核として，イランの同胞とともに，両国にまたがりつつ一集団を形成することを思い描いたパールシーがいたであろうことも，容易に想像できる．

その約30年前の1847年にロンドンの大英博物館に新しい展示スペースがオープンし，パールシー建築設計士ディンショウ・ドラブジー・ミストリー（Dinshaw Drabjee Mistree）はここでイギリスのイラン発掘調査の成果を目にしたとされる（*Ibid.*: 25-26）．彼は1881年にアケメネス風建築デザインを取り入れた拝火寺院を設計した．この1881年以降，パールシーが建立する寺院には柱などにペルセポリス風のデザインが採用されるようになっていった．わかっているだけで2000年までにインドには187のパールシー専用施設

があり，このうち，1881 年以降に建設されたものは約半数以上を占めている[8]．ここにアケメネス朝風建築というのが，彼らのアイデンティティ表現のひとつとなった．また 1906 年には一般のイラン人と同様に，ノールーズ（元旦）を春分の日に固定したファスリ暦が一部のパールシーによって支持され（Boyce 2005: 22），この日にもコミュニティを上げて新年を祝うようになった[9]．

　この頃はリトルウッド・パロンジー（Littlewood Pallonji & Co 現在の Shapoorji Pallonji & Co. Ltd, 創始者 Pallonji Mistry, 1865 年）やターター（現在の Tata Group, 創始者 Jamsetji Nusserwanji Tata, 1868 年），ゴドレージュ & ボイス（Godrej & Boyce あるいは Godrej Group, 創始者 Ardeshir Godrej, 1897 年），など，現在も存続するパールシー系財閥の創成期でもあった．中にはイギリス女王から爵位を得たものもいた．1892 年にはダダボイ・ナオロジー（Dadabhai Naoroji, 1825-1917）がインド人最初のイギリス議会議員となった．こうして一グジャラート地方の商人から，次第に一国を牽引するようなビジネス集団へと飛躍した多くのパールシーは，その富を競うようにコミュニティに還元した．さらに男子だけでなく女子教育の普及も他の宗教コミュニティと比べると早く（Ringer *loc.cit.*），女性の社会進出も早かった．19 世紀後半から 20 世紀初頭はパールシー・コミュニティ全体が，名実ともに経済的，社会的にますます向上していった時期である．

　一方，1892 年にはグジャラートの村で，パールシー私生児のナオジョテ（入信儀礼）が，パールシーの高位聖職者によって行われた（Desai 1978: 13-15）．それから 1906 年にはターター家創設者の甥のフランス人妻によるゾロアスター教への改宗と，彼女のゾロアスター教徒としての権利の可否について裁判が行われた（Palsetia *op.cit.*: 229-276）．この時の判事によって，パールシーとはペルシア移民の子孫という事項が規定されている．この頃は経済的，社会的に恵まれたパールシーになりたい非パールシーが改宗してコミュニティに入ってくるのではないか，といった懸念もあり，彼らはパールシーとは誰か，ということを意識せざるをえない状況にあったのである．

19世紀校半から20世紀前半には，ロンドンでパールシーの有力者ボーンアグリー（Sir Mancherjee Merwanjee Bhownaggree, 1851-1933）がカージャール朝の王と面会している（Hinnells 1996: 111-114）．1909年にはイルミ・クシュヌーム（Ilm-i Khshnoom）[10]が設立された．また1916年にはK. R. カーマ（Kharshedji Rustamh Cama, 1831-1909）の功績を称え，K. R. カーマ・オリエンタル研究所（K. R. Cama Oriental Institute, 以後カーマ研究所）が，そして1922年には，インドとイランの文化交流を目的としたイラン・リーグ（Iran League）が設立された．一方，インド全体では独立運動がますます高まっていった時期である．それゆえパールシーが自らを定義するにあたってイギリスを持ち出すことには無理があり，イランにその拠り所を求めざるをえなかった．このようにしてパールシーは，ますますイランに傾倒していったのである．

　1921年に起こった上述のパールシーを標的とした暴動から見ても，パールシー・コミュニティはインド社会において浮いた存在となっていたと考えられる．1925年にはレザー・ハーンがイランにパフラヴィー朝を設立，1941年にはレザー・ハーンの息子，レザー・シャーが即位した．彼は自らの治世の象徴として，イスラーム以前のイラン文化を復興させることに邁進した．これにイランのゾロアスター教徒は利用された形ではあるが，結果，彼らも社会的，経済的に目覚ましい向上を果たした（Ringer op.cit.: 163-183）．1947年のインド独立以来，パールシーは，自らのインドでの存在に不安を感じていた（Palsetia op.cit.: 299-316）．こうしたパールシーにとってイランは，彼らを受け入れてくれる新たな可能性のひとつとなっていった．

　1960年にイラン建国2500年祭を見越して，第1回世界ゾロアスター教徒大会がテヘランで開催され，パールシーの参加者はイラン系ゾロアスター教徒を通してレザー・シャーとの面会も果たした[11]．1963年からレザー・シャーは白色革命を押し進め，イランの近代化を図った．このような情勢の中，イラン・イスラーム革命まで，職を求めてイランへ渡ったパールシーは少なくない．この頃から1979年のイラン・イスラーム革命までのパール

シーの動向を鑑みると，パールシーが失ってしまったイギリスという拠り所のかわりに，イランにそれを求め，さらに確実なものにしようとしていた様子がうかがわれる．世界大会の開催の目的は，現在と違って，イランへ再び回帰することをめざしていたと考えられるのである．

3. イラン系ゾロアスター教徒との統一への道：第1回から第3回世界大会

1960年に第1回世界ゾロアスター教徒大会（World Zoroastrian Congress，以後 WZC）がテヘランで開催され，2013年のムンバイ大会で10回を数えた．各大会の開催年，場所，参加人数，テーマは表2のとおりである．また表3は，大会に加えて，パールシーを取り巻くコミュニティでの主な出来事およびパールシーに強い影響を及ぼした歴史的出来事を並べた年表である．

1960年に開催された第1回大会に関する史料や情報は今のところほとんどない[12]が，その少ない情報にパールシーのマイノリティとして生き延びるための手段が，ひとつのパターンとして明確に現れていることがわ

表2 World Zoroastrian Congress 年表

回	年	場所	参加人数	テーマ
1	1960	テヘラン	34	Lasting Memorial
2	1964	ムンバイ	—	Promoting Solidarity
3	1978	ムンバイ	1500	Unity, Understanding and Strength
4	1985	ムンバイ	1200	Awakening Consciousness
5	1990	ムンバイ	1400	To 2000 and beyond
6	1996	テヘラン	650	Unity with Purity
7	2000	ヒューストン	2340	A Zarathushti Odyssey
8	2005	ロンドン	449	Paving the way, to ensure that our future is as great as our past
9	2009	ドバイ	800	Unity through the sands of time
10	2013	ムンバイ	1250	Zoroastrianism in the 21st century: Nurturing Growth and Affirming Identity

第 5 章　さまようアイデンティティ　161

表3　年表：パールシー・コミュニティにおける主な出来事

1941 年		Reza Shah が王位に就く
1947 年		インド独立
1960 年		第1回大会　テヘラン
1963 年		イラン白色革命
1964 年		第2回大会　ムンバイ
1965 年	11 月	Parsiana 創刊
1967 年		Reza Shah 戴冠
1971 年		イラン建国 2500 年祭
1974 年		パフラヴィー朝設立 50 周年
1978 年	1 月	第3回大会　ムンバイ
1979 年	2 月	イラン革命
1979 年		Zoroastrian Studies 設立
1980 年		WZO 設立
1983 年		Joseph Peterson の改宗
1985 年		第4回大会　ムンバイ
1987 年		FEZANA 設立
1990 年		第5回大会　ムンバイ
1996 年		第6回大会　テヘラン
1996 年		中央アジアの教徒が接触
2000 年		第7回大会　ヒューストン
		WZCC の設立
2003 年		インド高位聖職者による宣言
2005 年		第8回大会　ロンドン
2008 年	10 月	BPP 最初の普通選挙
2009 年	8 月	改宗儀礼を行った二人の聖職者閉出し
2009 年		第9回大会　ドバイ
2010 年	2 月	インド保守派によるロシア人改宗の妨害
2013 年		第10回大会　ムンバイ

かる．イランからインドへ移住した際にも，物語として伝わっているため信憑性はわからないものの，グジャラート地方の地元の王にコミュニティの指導的立場にあるものが謁見したとされている（Modi 2004: 8）．またムガル朝のアクバル帝が次々とグジャラート地方を制圧していった際にも，やはりパールシー・コミュニティの指導的立場にあった高僧メヘルジラーナ

図2　Parsiana 創刊時ロゴ

(Dastur Meherji Rana, 1510or14-1593) が，1573 年にアクバル帝に謁見している (Kamerkar & Dhunjishah 2002: 52-53)．イギリスがインドを次第に支配下においていった際には，地理的な問題もあり，イギリス女王に謁見することはすぐには適わなかったが，1838 年にイギリスのヴィクトリア女王にマンゴーを最初に送ったインド人は，パールシーのフラムジー・コワスジー (Framji Cawasji Banaji, 1767-1851) だとされている (G. A. Natesan & Co., Madras 1930: 25-26)．このようなパールシーの歴史的なパターンをふまえると，この第1回大会で，テヘランにおいてシャーへの謁見を果たしたことは，つまりパールシーが，イランの皇帝を新たな彼らの支配者としようとうかがっているということがいえるのである．

　1964 年の第2回大会（ムンバイ）についてはさらに史料や情報がない．続く 1965 年には当時ほぼ月刊誌としてパールシアナ (Parsiana) が創刊された．図2 はパールシアナ初期のロゴであるが，明らかにペルシア語を意識したデザインとなっている．そして 1971 年のイラン建国 2500 年祭までに，イランのゾロアスター教徒の地位や教育状況は全体的に向上し，国の要職に就くものもおり，パールシーと対等に渡り合えるまでになっていた[13]．パールシーも彼らを通し，シャーとの太いパイプを築いていた．祭典の前にはパールシーとイラン系ゾロアスター教徒の合同で，パールシーがいうには 1300 年ぶりに，ナクシュ・ルスタムの前でゾロアスター教儀礼を行うことがレザー・シャーによって許可された．祭典にはインドからは 100 名のパールシー参加者があった．後日，パールシーが書いたレポートでは，インドで高い教育を受けながら適切な仕事が見つからないなら，イランへ行けば高待遇

が受けられるし，すでに多くがそうしているといっている（Wadia 1971: 12-21）．

1975年のパフラヴィー朝建国50周年の際には，ムンバイのパールシー専用野外スペースであるアルブレス・バウグにて，公式の祝賀行事が行われ，聖職者も含めパールシーが多数出席した．これを記念した本で，ゾロアスター教聖職者のボーデは，ゾロアスターの庇護者であるカイ王朝のヴィスタスパ王の治世の繁栄を称えた文を引用し，レザー・シャーに捧げている（Bode 1977: 103-106）．同じ本の中で後にインド政府のマイノリティ委員会委員長となったバーニーは，パールシーがインドとイラン両国間の政治的，経済的結束のつなぎ役となっているといっている（Burney 1977: 49-53）．さらにインドのイラン系ゾロアスター教徒で，インド空軍に所属していたアスピ・エンジニア（Aspy Engineer）が，テヘランのインド大使となっている．

1978年の第3回大会（ムンバイ）はイランの繁栄が称えられ，ゾロアスター教徒の地位向上に湧いた[14]．この大会に合わせ，シャーへのインタビューが企画され，大会パンフレットに掲載された．またロンドンや北米，香港など世界各地のゾロアスター教徒の代表，およびプーナやデリー，スーラトなどのインドの地方都市代表などが，それぞれの歴史や発展状況などについて発表する機会もあり，大会のタイトルである世界大会に相応しい内容となるはずであった．しかしフタを開けてみるとイラン系ゾロアスター教徒の影響力の強さや（Parsiana 1978: 23），当時まだ若手であり，後にゾロアスター教研究会（Zoroastrian Studies, 以後ZS）を主宰することになるコジャステ・ミストリー（Khojeste Mistree, 1940s～）の存在ばかりが目立った大会であった（Moddie 1978: 32）．世界組織設立も議題にあったが，そこそこに打ち切られた（Parsiana 1978: *loc.cit.*）．大会の事前打ち合わせでは，外婚による非ゾロアスター教徒配偶者のコミュニティにおける待遇などについても議題に上がっていたが（Parsiana 1977: 23-25），論争になるのを避けようとして具体的には取り上げられなかった．また大会当日には，一人一人のスピーチの時間を厳しく制限することで，当の内容から外れて論争に発展することがない

よう，気を配っていたことがうかがえる[15]．

　この翌年，イラン・イスラーム革命が起こり，パフラヴィー朝は終焉する．第3回大会は1978年1月に開催されている．まさしく19世紀後半に始まったパールシーのイランへの郷愁は，パフラヴィー王朝下におけるゾロアスター教徒の繁栄の絶頂期まで，約1世紀近く続いたわけである．このような中での革命によるパフラヴィー朝の終焉は，パールシーの間に大きな喪失感をもたらした（Mama 1985: 56-57）．イランのゾロアスター教徒も，彼らの身に何が起こるかわからない不安の中にあった（Freed 1979: 15）．インドからイランへ移住していたパールシーもインド国籍を復活させてインドへ戻ったり（Parsiana 1985c: 42），インドへは戻らず北米へ移住したりするなどした（Irani 1979: 21）．このような状況を受け，ロンドンのゾロアスター教徒の呼びかけによって，1980年に世界ゾロアスター教徒組織（World Zoroastrian Organization，以後WZO）が，イランのゾロアスター教徒支援を主な目的とし，設立された（Hinnells 1996: 144-148）．このWZOの急な設立は，結局，WZC第3回大会では具体的に議論されなかった世界組織設立への道を，後に複雑化させた．

　こうしてパールシーはイギリスに続き，イランという精神的拠り所を失い，以後，ひとつの国家に依存せず，彼ら独自の精神的拠り所を探さなければならなくなったのである．ここで指摘しておかなければならないことは，パールシーとイラン系ゾロアスター教徒双方において，それぞれの精神的拠り所となるような宗教的権威が存在せず，まして双方に認められるような宗教的権威は今のところ存在しないということである．さらにパールシー・コミュニティはゾロアスター教を信仰する人々で形成されている宗教コミュニティであるが，かつてのようにはその信仰心をコミュニティ団結の求心力にすることができない状態にある．宣教師ウィルソンによるパールシーのゾロアスター教聖職者への宗教攻撃によって，パールシー一般にも彼らの聖職者のゾロアスター教教義への無理解が露呈したのは，1世紀以上も昔のことではあるが，以後，現在に至るまで聖職者の権威は復活していない．そして

19世紀以降，男女ともに高い教育を受けることができるようになり，結果，一般教徒でも欧米のゾロアスター教研究を自ら利用し，独自のゾロアスター教教義解釈が可能になったこともある．また教徒の大半がムンバイに暮らしていることもあり，都市化によって浄不浄にかかわるゾロアスター教の伝統的慣習の大部分が衰退したことも[16]，要因のひとつである．かつては高僧メヘルジラーナがパールシー・コミュニティの指導者として，内外から認められていたが，現在の第17代メヘルジラーナは地方都市ナウサリの高僧にすぎない[17]．このような宗教的権威の不在は，コミュニティにおけるさまざまな問題への解決を困難なものにしているのである．

4. 現実との直面：第4回から第10回世界大会

　第3回大会（1978年，ムンバイ）から第4回大会（1985年，ムンバイ）の間では，パールシーの周辺でさまざまな出来事があり，1979年のイラン・イスラーム革命の衝撃はすでになりを潜めていた．先に上げたWZOの設立に

写真1　第4回大会の会場となったパールシー専用団地の中庭

出所：筆者撮影（以下同）

ともない (Parsiana 1980: 1-3), そのメンバー資格をめぐるコミュニティの対立がそのまま大会にも持ち込まれた (Toddywalla 1985: 51). また ZS の設立により, 宗教教育に新しい手法が持ち込まれ, より直接的に欧米のゾロアスター教研究が一般教徒に普及することとなった. ZS の主催者コジャステ・ミストリーの人気は熱狂的で, 大会でも目玉のセッションとなった (Parsiana 1985a: 3, 1985b: 27-28). そして 1983 年にアメリカで行われたジョゼフ・ピーターソン (Joseph Peterson, 1956?-) のキリスト教からゾロアスター教への改宗は, 大会で最も紛糾した話題となった. ジョゼフの改宗儀礼を行った北米のパールシーのゾロアスター教聖職者ケルシイ・アンティア (Kersi Antia) が参加したセッションでは, 彼を罵倒する聴衆で混乱した (*Ibid.*: 1). 第 4 回大会では事前に改宗や外婚に関する話題は禁じられていた. しかし進行の不手際なども目立ち, 後に課題を残した大会となった.

　第 5 回大会 (ムンバイ) の前, 1978 年には北米のゾロアスター教徒全体の統一組織 Federation of Zoroastrian Associations North American (FEZANA) が設立された. この組織設立の中心人物であったロヒントン・リベトナ (Rohinton Rivetna, 1934-) が, これ以降, 世界大会において世界組織設立計画を推進する中心人物となっていく.

　1990 年の第 5 回大会 (ムンバイ) は, 第 4 回大会 (ムンバイ) とまったく正反対の様子となった (Patel 1990: 3-4). 第 5 回大会はセッションで取り上げる内容に制限は設けなかったのだが, さほど紛糾することはなかった. 前回行われたエンターテインメントも見直され, よりコミュニティ色の強い内容が選ばれた (Mama 1990a: 16-18). 全体的にはリベラルな傾向が強く, またインドのパールシーが中心となっていた (Gandhi 1990: 7). イランからも 230 名の参加者があったものの, 大会を通してペルシア語の通訳がなく, 不満が出ていた (Irani 1990: 24-27). セッションではこれまで全体では取り上げられてこなかった, ゾロアスター教徒のアイデンティティについても言及された (Gandhi *op.cit.*: 6). また人口減少や WZO のメンバー資格 (Mama 1990b: 30-32), 外婚, 改宗, 伝統的慣習の衰退, 高齢化など, ゾロアスター教徒全体

が直面している問題が取り上げられた（Mama 1990c: 20-23）．この第5回大会において，WZCのおおよそのスタイルが形作られたといえる．

1996年の第6回大会はテヘランで行われたということに，大きな意義があった（Mama 1996: 58-63）．大会参加者約650名のうちイラン国外からは125名と小規模であったが（Rivetna 1996: 24-31），当時，イラン大統領であったラフサンジャニの娘の出席もあり，イランのゾロアスター教徒が引き続き安定した社会的地位を維持していることが確認された大会であった．またセッションでは同時通訳なども行われ，とくに混乱もなく，大会に関するいくつかの事項（4年に一度の開催とするなど）が採択されて終わった．

1990年代になって，旧ソビエト連邦諸国，とくにタジキスタン，ウズベキスタンから自称ゾロアスター教徒たちがFEZANAなどを通じてパールシーと接触を持ってきた．北米のゾロアスター教徒は圧倒的にマイノリティであり，すでにアイデンティティ形成の問題が重要事項となっていた（Cama 1980: 22-25）．他国にも同胞がいるかもしれないことは，彼らにとっては朗報であった．しかしインドのパールシーにとってはそうではなかった．ムンバイのパールシーの自治組織ボンベイ・パールシー・パンチャーヤット（Bombay Parsi Punchayet，以降BPP）は，ムンバイ屈指の不動産保有組織である．中央アジアの自称ゾロアスター教徒たちが宗教的支援だけでなく，経済的支援も求めてきたことから，パールシーたちは警戒感を示した（Parakh 2005）．

第7回大会（ヒューストン）はインド，イラン以外での初の開催となった[18]．この大会では当初，改宗ゾロアスター教徒をスピーカーの一人として招く予定をしていた（Mama 2000: 40-43）．しかしこの招待に対し，とくにインドの保守的で改宗者を受け入れることに批判的なパールシーから強い抗議が出，結局，この改宗ゾロアスター教徒の招待は取りやめられた．それでも大会は改宗者や非ゾロアスター教徒配偶者に寛容な，リベラルな雰囲気の中で行われた．参加者も現在まで10回を数える大会の中で一番多く，2,000人以上が集まった．また世界ゾロアスター教徒商工会議所（World Zarathushti Chamber

写真2　ヒューストン大会委員会メンバー

of Commerce，以後 WZCC）が正式に発足した．WZCC は現在では世界に 17 の支部を持ち，世界のゾロアスター教徒同士のビジネス交流の役割を担っている[19]．

　自称ゾロアスター教徒たちの存在，そして WZC 第 7 回大会でみられるような改宗ゾロアスター教徒の問題は，インドのパールシーの保守化傾向を助長した．2003 年にはインドのゾロアスター教高僧 6 名によって，パールシー女性の外婚による子供の入信儀礼を認めないとする宣言が出された（Gandhi 2003: 22）．これ以降，改宗ゾロアスター教徒，自称ゾロアスター教徒だけでなく，外婚をしたパールシー女性に対しても寺院や BPP は排斥する態度を明確に示すようになっていった．

　2005 年の第 8 回大会は，ロンドンのゾロアスター教徒のためのホールの改築に合わせて行われた[20]．ロンドンのゾロアスター教徒コミュニティはイギリス帝国時代からと，他のイラン，インド以外のコミュニティの中でも長い歴史を持っている．ロンドン大学の the School of Oriental and African Studies（以後 SOAS）にゾロアスター教研究の講座もあることから，欧米の研究者がスピーカーとして多数，招かれた．この時，世界組織についてアメリカのロヒントン・リベトナが，彼独自の具体的な計画を提案した（Rivetna

2005: 88-89)．しかしこの提案は大会後も賛否両論の議論を呼んだが，最終的にリベトナは世界組織構想を断念せざるをえなくなった[21]．以後，WZCにおいて世界組織に関するセッションはみられなくなった．この第8回大会では，保守の代弁者でもあるコジャステ・ミストリーが新たな組織（World Alliance of Parsi and Irani Zarthoshtis, 通称 WAPIZ）を設立した年でもあり[22]，世界組織での議論などでも，インドのパールシーの保守化が鮮明になった大会でもあった．

　第9回大会（ドバイ）までにインドのパールシーはますます，保守化傾向を強めていった．2008年に行われた初のBPP理事普通選挙では，保守傾向の強い人々が圧勝した（Mama 2008: 24-27）．これを受けてBPPは，2009年に改宗ゾロアスター教徒の入信儀礼や，外婚をしたパールシー女性の子供の入信儀礼，そして鳥葬以外の葬法を行ったパールシーに対する葬式儀礼を行った二人のパールシーのゾロアスター教聖職者を，BPPの管理する宗教施設から閉出した（Patel 2009: 23）．しかしこれは結局，BPPが宗教的な破門を下すことはできないことを理由に，二人の聖職者支持派によって裁判に持ち込まれた（Divecha 2010: 36）．

　2009年の第9回大会は，主催者側のドバイのゾロアスター教徒コミュニ

写真3　ドバイ大会でのパールシー伝統刺繍展示コーナー

写真4　ドバイ大会のスポンサー一同

ティ全体で1,000人程度であるのに対し，大会の参加者は800名近くなるという異例の大会となった[23]．ドバイのコミュニティは1960年代に主にアフリカから移住してきたパールシーから始まった，まだ歴史の浅いコミュニティである[24]．この大会で，ドバイで初めてのゾロアスター教儀礼（ジャシャン）が行われた[25]．他のコミュニティに比べ，ドバイのコミュニティはかなりビジネス的性格が強い．このため大会もゾロアスター教徒の起業家精神が強調され，セッションでもハッカソン[26]の成果発表や，若手の起業家のビジネス指南などが取り上げられた．ここでBPPの理事はパールシー・ブランドといった構想を打ち出し，内婚の奨励，アイデンティティ形成の強化を訴えた．

　第10回大会以前にパールシーによるロシア人の聖職資格授与儀礼が，グジャラートのサンジャーンで行われている最中に，保守派の一部の教徒が乱入し，暴力でこれを阻止するといったことがあった（Patel 2010a: 18-19）．また外婚をしたパールシー女性のゾロアスター教信仰の実践の権利を，BPPの理事が一方的に認めないとする発言もあった（Patel 2010b: 40）．この外婚をしたパールシー女性および，先に述べたBPPが管理する宗教施設から排除された二人の聖職者の件に関して，BPPは訴えられ，多額の裁判費用を

払う結果になった（Shelar 2015）．

　2013年の第10回大会は，再びムンバイで行われた[27]．この大会のセッションは特筆すべきことはなく，目立って紛糾するような内容のものもなかったが，これまでのどの大会よりも，エンターテインメント色の強いものであった．提供される食事や毎晩のエンターテインメント，そしてスペシャル・イベントなどは豪華なものであった．これはボリウッド（Bollywood）と

写真5　ムンバイ10回大会オープニング

写真6　ムンバイ10回大会の聴衆

写真 7　ムンバイ 10 回大会クロージングのエンターテインメント

称されるムンバイの映画産業で，今でも多くのパールシーが活躍していることと関係している．

2013 年にはインド政府の財政支援を受け，パールシーの人口増加を目的としたジヨ・パールシー（Jiyo Parsi）というプロジェクトが始まった[28]．しかしそれは人種差別につながりかねない懸念もある．また外部からは「インドにはパールシーよりも，もっと消滅の危機にある部族はいるのになぜ」といった批判も出ている（Roy 2014）．

イラン革命以降，WZC が直面している難しい問題ばかりが残った形となった．また改宗ゾロアスター教徒や自称ゾロアスター教徒によるパールシーへの接触や，パールシーの男女ともに外婚が増加傾向にあることによって，コミュニティの財産の流出や，コミュニティ・メンバーではないものによる利用が不可避になるといった不安がパールシーの間に生じ，彼らの多くが保守的になった．この傾向は WZC などにおいて保守とリベラルの応酬となり，議論は紛糾した．このため WZC では，外婚や改宗についてのセッションは開かれなくなり，結果，内婚の奨励とアイデンティティ形成の強化といった，保守的な内容だけが WZC の議案として残っていった．

おわりに

　パールシーとイラン系ゾロアスター教徒で形成される現代のゾロアスター教徒は，伝統的慣習の衰退や人口減少，少子高齢化，起業家精神の衰退，寄付金の減少，外婚の増加といった問題を抱えており，コミュニティ消滅の危機に直面している．こうした問題に対し，とくにパールシーは盛んにアイデンティティという言葉を持ち出し，ゾロアスター教徒としてのアイデンティティを形成し，その共通のアイデンティティを求心力として団結すれば，この危機を乗り越えられるとしている．そしてWZCはこのゾロアスター教徒に共通するアイデンティティ形成を，声高に主張する場となっている．

　パールシーのいうところのアイデンティティとは，各個人の中に，人生経験を通して形成される自分らしさのことではない．それはコミュニティが成員に求める特質，能力といったものである．このためパールシーは「アイデンティティ」というだけでなく，民族の「キャラクター」や「スピリット」という言葉も使う（Cama *op.cit.*: 25, Wadia 2010）．そして彼らの民族キャラクターを維持するため，宗教教育の重要性を説いている．とくに若い世代に対する宗教教育が重視されている．しかしこれだけでは青年層を引きつけておくことができないので，1993年より世界ゾロアスター教徒青年大会（World Zoroastrian Youth Congress）[29]が開催されるようになった．

　一方，BPP理事選挙において保守が圧勝することで，BPP支援の青年層に対するコミュニティ・イベントがより盛んになっていった．たとえば結婚前の男女の交流を図ったり[30]，パールシーゆかりの地をめぐるツアーなどを行ったりしている[31]．またインド国内だけでなく，海外のパールシーやイラン系ゾロアスター教徒にも参加の機会を作っている．だがこういったコミュニティ内の活動は，活動の中心人物の推進力次第でイベント内容や回数が決まってきたり，財政難，後継者難といった問題がすぐに出てきたりす

る．これはマイノリティとしての限界が簡単に露呈する結果である．

　世界中に分散，移住したり，外婚をしたりするなどによってパールシー自身，コミュニティから離れることを余儀なくされているのが現状である．しかし今のところ聖別された宗教施設はイランやインドにしかなく，ゾロアスター教を信仰している限り故郷とのつながりを保っていかなければならない．だがパールシーのいうアイデンティティは，現代的価値観や偏った歴史観から引き出したものであり，また彼らは移住して異なる文化，価値観の中に生きてもいるため，世界のゾロアスター教徒をひとつにまとめる共通の仲間意識を持たせることができない．加えてイラン系ゾロアスター教徒との連携を図るには，パールシーであることだけを主張するわけにはいかない．パールシーは，コミュニティ団結のための求心力としてのアイデンティティ形成を模索しているが，同時にアイデンティティ形成のジレンマに陥ってもいるのである．

　つまり現代のパールシーは，ゾロアスター教徒の団結の求心力として，アイデンティティ形成を効果的に利用できていない状況にあるのである．

1) ultra orthodoxと呼ばれるパールシーの代表的な人物は，Pervin MistryやKhojest Msitreeである．Mistry(2004),"Proselytization is not the answer", *FEZANA Journal*, Vol.17, No1, pp.75-77.
2) Devasia, S.(2005),"Parsis upset over new conversions", *Mid-day online*, May 29, http://archive.mid-day.com/news/2005/may/110432.htm.
3) Boyce, Hinnells, Amighi, Bekhradniaの著書などについては，参考文献一覧を参照．
4) 移住を開始した年代については，諸説ある．ホディヴァラ（1920）は716年，モーディ（2004）は785年，ボイス（2001）は936年をインド上陸年としている．
5) 後述するBehramshah Shroffは，イランを放浪している際に，山中の隠れゾロアスター教徒に出会い，教えを受けたとされている．
6) Patell, B.B. comp.(1888, 1910), *Parsee Prakash: Being a Record of Important Events in the Growth of the Parsee Community in Western India, Chronologically Arranged*, 2 vols,(in Gujarati), Bombay, 1:2, and Paymaster, R. B., 5 vols,(to 1942).

7) Hodivala および Paymaster の文献については参考文献一覧を参照．
8) 寺院や宗教施設の数，建立年については，Giara, M.J.(2002), *Global Directory of Zoroastrian Fire Temple* より作成．
9) 元来，ゾロアスター教の正月は春分である．だがゾロアスター教の暦には閏年がないため，徐々にずれていく．2015年現在，パールシーの大部分が使用しているシェハンシャイ派の暦は8月下旬に正月を迎える．イラン系ゾロアスター教徒が伝統的に使っていたカドミ派のものは，それより1か月早く正月を迎える．現在でもパールシー・コミュニティでは年に3回，正月を祝う．
10) ベフラムシャー・ナオロジー・シュロフ（Behramshah Naoroji Shroff, 1858-1927）が1909年頃から始めた活動を指す．「知恵の道」の意味．ベフラムシャー曰く，イランの隠れゾロアスター教徒から教えを受けたとしている．現在でも彼の思想を引き継いだパールシーが活動を続けている．神秘主義的傾向がみられる．
11) Pamphlet of 7th World Zoroastrian Congress, p.28.
12) この第1回大会の目的はその後に控えていたイラン建国2500年祭の前祝いであり，ゾロアスター教徒参加者もインド，イランそれぞれの有力者に限られていた．この時点で以後現在まで続くような世界大会とする目的があったかどうか不明であること，また現在では広くコミュニティ雑誌として知られている Parsiana も創刊前であったことなどから，当大会の情報は，今のところほとんど得られない．他の情報がないか大会委員をしたことのあるパールシーに問い合わせたが，回答がなかった．
13) たとえばファルファング・メヘル（Farhang Mehr 1923～）は，1971年当時，テヘランのゾロアスター教徒協会の代表であるだけでなく，シーラーズのパフラヴィー大学総長を務めていた．また首相補佐にもなった．
14) 第3回大会内容に関してはパンフレット Third World Zoroastrian Congress Bombay, India を参照．
15) 現在でもパールシー・コミュニティではゾロアスター教への改宗などをめぐって，激しい論争が続いている．このためパールシーを学術的に扱った講演会やレクチャーなどでも，始めるにあたって論争につながる質問はいっさい禁じることが，主催者から告げられることがある．
16) 例1：かつては不浄とされるトイレ設備は居住棟とは別に，外に設置されていた．しかしムンバイなどの都会では一軒家自体が珍しく，ほとんどのパールシーはパールシー専用住宅に住んでいることもあり，トイレは各戸内に設置されている．例2：ゾロアスター教において最も不浄とされるのは死体である．本来なら鳥葬によって2, 3日で処理されるはずであるが，ムンバイなどでは猛禽類が減っていること，イランと違って湿気が多く，雨期には太陽もなかなか出ないことなどから，遺体処理に1週間前後かかっている．デリーでは都市化により鳥葬自体を放棄し，土葬を採用している．
17) 2010年に先代の16代メヘルジラーナが没し，同年，K. N. Dastoor が17代メヘ

ルジラーナを継承した．しかしこの時17代はすでに83歳で，かつ先代より年配の人物であった．かつてアクバル帝に謁見し，そのゾロアスター教に関する知識を称えられたメヘルジラーナの地位は，現在においてはなり手がなく，継承者を見つけることが困難なものとなっている．

18) 第7回大会については，論者が実際に参加して行った調査に基づく．調査2000年12月28日～2001年1月1日，ヒューストン．
19) WZCCについてはhttp://www.wzcc.net（2015年5月31日アクセス）参照．
20) 第8回大会については，論者が実際に参加して行った調査に基づく．調査2005年6月21日−同年7月4日，ロンドン．
21) FEZANAは国際レベルでの世界組織議論から身を引くことを表明した．Mehta, F. (2006), *Report on the World Body*, Chicago; FEZANA.
22) WAPIZについてはhttp://www.wapiz.com（2015年5月31日アクセス）参照．
23) 第9回大会については，論者が実際に参加して行った調査に基づく．調査2009年12月26日～2010年1月1日，ドバイ．
24) 聞取り調査2009年12月26日～2010年1月1日：ドバイのゾロアスター教聖職者の話より．
25) ジャシャン（Jashan, P. Guj.）とは「祭礼，儀礼」の意味．寺院内に限らず，あらゆる祝いの場において行われる儀礼．
26) hackathon．アメリカで1999年頃から使われ出した言葉．主にIT産業関連の技術者やマネージャーなどが参加して，新しいビジネス・アイディアや既存製品の新たな可能性をチーム対抗で競うなどするイベントを指す．
27) 第10回大会については，論者が実際に参加して行った調査に基づく．調査2013年12月26日−2014年1月1日，ムンバイ．
28) Living Parsiの意味．5年計画で，内婚のための結婚相談や不妊治療サポート費として，インド政府から10カロール・ルピーが提供される．10カロール・ルピーは約2億円．Jiyo Parsiについてはhttp://www.jiyoparsi.org/default.htm（2015年5月31日アクセス）参照．
29) 第1回大会はロサンジェルスで開催された．
30) Zoroastrian Youth for next generation（http://www.zyng.org，2015年5月31日アクセス）が主に青年同士の交流イベントを主宰している．
31) Zoroastrian Return to Root（http://zororoots.org，2015年5月31日アクセス）が，主にムンバイやグジャラート各地のパールシーゆかりの地をめぐるツアーを主宰している．

参 考 文 献

World Zoroastrian Congress Pamphlets.
Third World Zoroastrian Congress, Bombay, India, Mumbai: R.M.D.C. Press, 1978.
Seventh World Zoroastrian Congress, Houston: FEZANA, 2000.

Eighth World Zoroastrian Congress, London: Zoroastrian Trust Funds of Europe (Inc).
　　Ninth World Zoroastrian Congress, Dubai: The Congress Organizing Team.
　　Tehth World Zoroastrian Congress, Mumbai: Bombay Parsi Punchayet.
Amigi, J.(1990), *The Zoroastrians of Iran: Conversion, Assimilation, or Persistence*, New York: AMS Press.
Atashband, B.(2000), "zarathushtis of st. Petersburg", *FEZANA Journal*, Winter, pp.98−96.
Bekhrandnia, S.
　── (1994), The Tajik Case for a Zoroastrian Identity, *Religion, State and Society*, Vol.22, No.1, pp.109−121.
　── (1999), "The Tajik Case for a Zoroastrian Identity", *FEZANA Journal*, Spring, pp.49−52.
　── (2011), "WZO Annual Seminar June 5th 2011 - at the Nehru Center, London", *Hamazor*, Vo.11, No.3, pp.7−8.
Benjamin, N.(2013), "Gandhi and the Indian Christian Community: An overview", *Gandhi Marg*, Vol.34, No.4, pp. 399−423.
Bode, F.(1977), "The Old and New", *Iran's Radiant Resurgence: Sage of 50 Years of The Glorious Reign of Pahlavi Dynasty With Spotlight on Indo – Iran Relations*, Mumbai: The K. R. Cama Oriental Institute, pp.103−106.
Boyce, M.
　── (1968), "The pious foundations of the Zoroastrians", *Bulletin of the School of Oriental and African Studies*, Vol. XXXI, Part 2, 270−289.
　── (1969), "Manekji Limji Hataria", *K. R. Cama Oriental Institute Golden Jubilee Volume*, Mumbai: K. R. Cama Oriental Institute, pp.19−31.
　── (1989a), *A History of Zoroastrianism*, Vol. 1, The Early Period, Leiden: E. J. Brill.
　── (1989b), *A Persian Stronghold of Zoroastrianism*, Persian Studies Series, No. 12, London: University Press of America.
　── (1990, rpt. 1984), *Textual Sources for the Study of Zoroastrianism*, Textual Sources for the Study of Religion, Chicago: The University of Chicago Press.
　── (1992), *Zoroastrianism: Its Antiquity And Constant Vigour*, Costa Mesa: Mazda Publishers.
　── (1996), "On the Orthodoxy of Sasanian Zoroastrianism", *Bulletin of the School of Oriental and African Studies*, Vol. LIX, part 1, 11−28.
　── (2001, rpt.1979), *Zoroastrians: Their Religions Beliefs and Practices*, London: Routledge & Kegan Paul Ltd.
　── (2005), Further on the Calendar of Zoroastrian Feasts, *Journal of Persian*

Studies, Vol.43, pp.1-38.

Burney, S. M. H. (1977), "Multilateral cooperation", *Iran's Radiant Resurgence: Sage of 50 Years of The Glorious Reign of Pahlavi Dynasty With Spotlight on Indo - Iran Relations*, Mumbai: The K. R. Cama Oriental Institute, pp.49-53.

Cama, L. (1980), "Determined to survive Social and Cultural Survey", *Parsiana*, Vol.3, No.1, pp.22-25.

Desai, S.F. (1978), *History of the Bombay Parsi Punchayet, 1860-1960*, Mumbai: Bombay Parsi Puncyahet.

Devasia, S. (2005), "Parsis upset over new conversions", *Mid-day online*, May 29, http://archive.mid-day.com/news/2005/may/110432.htm（2015 年 5 月 31 日アクセス）.

Dhabhar, B. N. (1999), *The Persian Rivayat of Hormazyar Framarz and others*, Reprint of 1932, Mumbai: K. R. Cama Oriental Institute

Divecha, P. (2010), "The battle of the ban: Whether the ban on two priests from performing religious ceremonies on Bombay Parsi Punchayet property is legal or not is now before the Bombay High Court", *Parsiana*, Vol.32, No.11, pp.26-27, p.36.

Freed, K. (1979), "Under siege in Iran, quote from Los Angeles Times, 15/6/79", *Parsiana*, Vol.2, No.11, p.15.

G. A. Natesan & Co., Madras, (1930), *Famous Parsis: Biographical & Critical Sketches*, Madras: G. A. Natesan & Co., Madras.

Gandhi, P.

—— (1990), "Which way to 2000 and beyond?", *Parsiana*, Vol.12, No.7, pp.6-14.

—— (2003), "On further reflection…", *Parsiana*, Vol.25, No.9, p.22.

Giara, M.J. (2002, rpt.1998), *Global Directory of Zoroastrian Fire Temple*, Mumbai: Jenaz Printers.

Grigor, T. (2013), *Identity Politics in Irano-Indian Modern Architecture*, Mumbai: K. R. Cama Oriental Institute.

Hinnells, J.

—— (1978), "Parsis and the British", *Journal of the K. R. Cama Oriental Institute*, No. 46, 2-92.

—— (1981), *Zoroastrianism and the Parsis*, London: Ward Lock Educational.

—— (1996), *Zoroastrians in Britain*, Oxford: Clarendon Press.

—— (2000a), *Selected works of John R. Hinnells*, Aldershot: Ashgate, 241-276.

—— (2005), *The Zoroastrian Diaspora: Religion and Migration*, Oxford: Oxford University Press.

Hodivala, (1920), *Studies in Parsi History*, Mumbai: Privately printed.

Irani, G.

—— (1979), "Iran's Boat People", *Parsiana*, Vol.2, No.11, pp.21-23.

—— (1990), "Our faith is one" : The large number of Iranian Zoroastrians present at the Congress reaffirm the common religious ties, *Parsiana*, Vol.12, No.7, pp.24–27.

Jafarey, A. (2007), "Welcom to all: with her navjote performed at the age of 44, Amy Jafarey kept ties with members of all faiths", *Parsiana*, Vol.30, No.7, pp.37–39.

Kamerkar, M. & Dhunjishah, S. (2002), *From the Iranian Plateau to the Shores of Gujarat: The story of Parsi settlements and absorption in India*, Mumbai: The K. R. Cama Oriental Institute.

Karaka, D. F. (1884), *History of the Parsis*, Vol.1, London: Macmillan and CO.

Mama, A.

―――― (1985), "The energy level is lower": Alan Williams says Parsis have lost their ancient bearings in the course of their secular pursuits", *Parsiana*, Vol.8, No.2, pp.56–57.

―――― (1990a), "Greetings to the best and honest", *Parsiana*, Vol.12, No.7, pp.16–18.

―――― (1990c), "Creating the capacity to care: The workshop revealed the need for a radical change in the organization of community welfare", *Parsiana*, Vol.12, No.7, pp.20–23.

―――― (1990b), "Searching for thogetherness: A variety of views were aired at a reception hosted by the World Zoroastrian Organization a day prior to the Fifth World Zoroastrian Congress", *Parsiana*, Vol.12, No.7, pp.30–32.

―――― (1996), "The rivayat of 1996: Reopening channels of communication with Iran was the keynote of the Sixth World Zoroastrian Congress", *Parsiana*, Vol.19, No.1, pp.58–63.

―――― (2000), "Kisseh-Houston, The orthodox-leberal divide widens over the question of including Dr Ali Jafarey as a speaker", *Parsiana*, Vol.22, No.11, p.20, pp.40–43.

―――― (2008), "The challenge that failed", *Parsiana*, Vol.31, No.8, pp.24–27.

Maneck, S.S. (1997), *The Death of Ahriman: Culture, Identity and Theological Change Among the Parsis of India*, Mumbai: K. R. Cama Oriental Institute.

Master-Moos, M. (2003), "celebration in tajikistan", *FEZANA Jorunal*, Vol.16, No.4, pp.34–37.

Mehta, F. (2006), *Report on the World Body*, Chicago; FEZANA (https://fezana.org/files/wbwg/agm2006.wbreport.pdf, 2015年5月31日アクセス).

Mirza, JamaspAsa & Kotwal (1983), "Conversion in Zoroastrianism: A Myth Exploded", *Jame-e-Jamshed*, 9th and 10th June.

Mistry (2004), "Proselytization is not the answer", *FEZANA Journal*, Vol.17, No1, pp.75–77.

Moddie, A. (1978), "Impressions of the Third World Zoroastrian Congress", *Parsiana*, Vol.2, No.3, pp.31–32.

Modi, J.J. (2004, rpt.1905), *A Few Events in The Early History of The Parsis and their Dates*, Mumbai: The K. R. Cama Oriental Institute.

Nanji, R. & Dhalla, H., (2007), "The Landing of the Zoroastrians at Sanjan", Hinnells, J. ed., *Parsis in India and the Diaspora*, London and New York: Routledge, pp.35-58.

Palsetia, J.S. (2001), *The Parsis of India: Preservation of Identity in Bombay City*, Leiden: BRILL.

Parsiana

——— (1977), "The Thin End: The World Congress Détente", *Parsiana*, Vol.1, No.19, pp.23-25.

——— (1978), "The Third World Zoroastrian Congress: A communal Catharsis", *Parsiana*, Vol.2, No.3, pp.21-24.

——— (1980), "World Zoroastrian Organization Limited", *Parsiana*, Vol.3, No.5., pp1-3

——— (1985a), "For whom the bell tolls: A news analysis of the Forth World Zoroastrian Congress", *Parsiana*, Vol.7, No.8, pp.1-3.

——— (1985b), "Mistree: grave imbalance, Traditionalist Khojeste Mistree charges that the Congress was biased in favour of the liberalists", *Parsiana*, Vol.8, No.4, pp.27-28.

——— (1985c), "Iranian visas", *Parsiana*, Vol.8, No.6, pp.42-43.

——— (1999), "Confessions of a convert: In his last interview the late Neville Wadia shared his reminiscences of his childhood and family", *Parsiana*, Vol.22, No.4, pp.38-39, 48.

——— (2004), "The Bansda navjotes", *Parsiana*, Vol.26, No.12, p.14.

Parakh, T. (2005), *Some Crucial Points about he Proposed World Body*, Mumbai: Private Report.

Patel, B.B. comp. (1888, 1910), *Parsee Prakash: Being a Record of Important Events in the Growth of the Parsee Community in Western India, Chronologically Arranged*, 2 vols, (in Gujarati), Bombay, 1:2, and Paymaster, R. B., 5 vols, (to 1942) .

Patel, J.R.

——— (1990), "Differ but not Different", *Parsiana*, Vol.12, No.7, pp.3-4.

——— (2008), "Myth management", *Parsiana*, Vol.30, No.13, p.2.

——— (2009), "Talibanization of the BPP: The Bombay Parsi Punchayet trustees threaten to bodily evict Ervad Khusroo Madon if he prays at Doongerwadi", *Parsiana*, Vol.32, No.4, p.23.

——— (2010a), "The shame at Sanjan; A mob assaulted a Russian Zoroastrian at Sanjan stating only Parsis can be ordained as navars", *Parsiana*, Vol.32, No.15, pp.18-19.

——— (2010b), "Gupta's gumption: Goolrookh Gupta has moved the Ahmedabad High Court to establish her rights as a practicing Zoroastrian", *Parsiana*, Vol.32, No.18, pp.22-25, p.40.

Paymaster, R. B. (1954), *Early History of the Parsees in India: From their Landing in Sanjan to 1700 A. D.*, Bombay: Zartoshti Dharam Sambandhi Kelavni Apnari Ane

Dnyan Felavnari Mandli.

Ringer, M.M.(2011), *Pious Citizens: Reforming Zoroastrianism in Indian and Iran*, New York: Syracuse University Press.

Rivetna, R.(2005), "Coming together: a report on the world body", *FEZANA Journal*, Vol.18, No.3, pp.88–89.

Roy, S.(2014), "Parsis maybe the desi panda, but what about other endangered Indians?", *Firstpost Online*, November 13, 2014, http://www.firstpost.com/living/parsis-maybe-the-desi-panda-but-what-about-other-endangered-indians-1801221.html（2015年5月31日アクセス）.

Sachkovskaya, E.(1999), "With greetings from Russia", *FEZANA Journal*, Spring, pp.55–56.

Shelar, J.(2015), "Parsi renegade priests" court battle likely to end amicably", *Mumbai Mirror online*, Feburary 14, 2015, http://www.mumbaimirror.com/mumbai/others/Parsi-renegade-priests-court-battle-likely-to-end-amicably/articleshow/46237500.cms（2015年5月31日アクセス）.

The National Geographic Magazine, Vol.XVI, 1906.

Thornton, D.(1898), *Parsi, Jaina, and Sikh or some minor religious sects in India*, Oxford: The religious tract society.

Toddywalla, P.(1985), "The voice was heard; wht was the message? Impressions of the Forth World Zoroastrian Congress, *Parsiana*, Vol.7, No.9, pp.51–53.

Wadia, S.(1971), "The Celebration of Cyrus the Great At Iran", *Parsiana*, Vol.VIII, No.1, pp.12–21.

Wadia, A.(2010), "Diaspora: A talk by Khojeste Mistree", *Parsi Khabar*, March 11, 2010, http://parsikhabar.net/bombay-parsi-panchayat/diaspora-a-talk-by-khojeste-mistree/2158/（2015年5月31日アクセス）.

Williams, A.(2009), *The Zoroastrian Myth of Migration from Iran and Settlment in the Indian Diaspora: Text, Translation and Analysis of the 16th Century Qesse-ye Sanjan "The Story of Sanjan"*, Leiden: BRILL.

第6章

ユーラシアの東西における環境政策への取り組み
―― 政策決定メカニズムにおける地域社会の役割と住民参加 ――

塩 谷 真 梨

は じ め に

　気象変動や，人間の自然資源の利用，環境ガバナンスに付随して発生する多様な環境問題に対応するべく，多国間環境条約を含む，さまざまなレベル（国家レベルから市民レベルまで）での取り組みが注目されている．ここでは，日本とスロバキアのそれぞれの首都に近い，二つの湿原（谷津干潟および，ドナウ湿原）においての取り組みを，事例研究として取り上げる．それぞれの国は北半球に位置し，それぞれ渡り鳥の季節的移動経路として，重要な役割を果たしている．谷津干潟は東京湾最奥部に位置し，北のシベリアから東南アジアやオーストラリアへ渡る，渡り鳥の重要な生息地として，また，ドナウ湿原は，同じくロシアからアフリカ大陸にかけて移動する渡り鳥の生息地としての重要性が確認され，両湿原とも，それぞれ1993年にラムサール条約に登録されている．

　二つの地域は，首都に近いという特性により，都市化やレクリエーション利用における，人間活動による大きなストレスにさらされている．東京湾岸地域の開発が，谷津干潟に影響しているのはいうまでもないが，ウィーン／ブダペスト／ブラチスラバのヨーロッパの3都市に挟まれたドナウ湿原も，

都市化の波に，少なからず影響を受けている．住宅地や道路交通網の建設に加え，工場やプラントなどからの汚染への影響を受けることも起こりえる．また，近隣の住民がそこを訪れたり，景観を楽しむだけでなく，魚釣りをしたり，泳いだりして，湿原という環境を直接利用する．またはゴミを投棄するなどネガティブな利用もある．この点では，人間の行為そのものが，直接，環境資源である湿原に影響を与えていると言える．

本章では，ラムサール条約を軸として，この二つの地域を比較検討することにより，住民や行政が自然環境をどのように保護していくことができるのか，そのために住民の取り組みがいかに重要なのかという点を示していきたいと考える．

1. ラムサール条約とは

ラムサール条約は，環境の観点から本格的に作成された多国間環境条約の中でも先駆的な存在であると言われている．現在では広く用いられるようになった持続可能な利用（Sustainable Use）という概念を，その採択当初の1970年代から，適正な利用（Wise Use）という原則で取り入れてきた．現在は，水鳥の生息地のみならず，人工の湿地や地下水系，浅海域なども含む幅広い対象の湿地を対象としており，その保全および適正な利用を図ろうとするものである（外務省，2015）．

ラムサール条約は1971年2月2日，イランのラムサールで開催された「湿地及び水鳥の保全のための国際会議」において，とくに水鳥の生息地として国際的に重要な湿地およびそこに生息・生育する動植物の保全を促し，湿地の適正な利用を進めることを目的として採択され，1975年12月21日に発効された．2015年2月現在，締約国数168か国，登録湿地数2,186か所，登録湿地の総面積は208,449,277 ha となっている（環境省自然環境局，2015）．

ラムサール条約（とくに水鳥の生息地として国際的に重要な湿地に関する条約）を紐解くと，前文には以下のとおり記されている（原文のまま）．

"締約国は，人間とその環境とが相互に依存していることを認識し，水の循環を調整するものとしての湿地の及び湿地特有の動植物特に水鳥の生息地としての湿地の基本的な生態学的機能を考慮し，湿地が経済上，文化上，科学上及びレクリエーショシ上大きな価値を有する資源であること及び湿地を喪失することが取返しのつかないことであることを確信し，湿地の進行性の侵食及び湿地の喪失を現在及び将来とも阻止することを希望し，水鳥が，季節的移動に当たって国境を越えることがあることから，国際的な資源として考慮されるべきものであることを認識し，湿地及びその動植物の保全が将来に対する見通しを有する国内政策と，調整の図られた国際的行動とを結び付けることにより確保されるものであることを確信して，次のとおり協定した"（環境省自然環境局，2015）．

2. ラムサール条約の問題点

翻って，ラムサール条約は，法的制限や，罰則罰金など，強い効力は持ち合わせていない．また，他の法令保護区や条約指定地（国立公園や世界遺産）に比べ，保護区の面積がわりあい小さい（ドナウ湿原は122.84 km^{2}だが，谷津干潟においては0.4 km^2）とも言われている．狭い範囲での，限られた効力しかもたないという点で，ラムサール条約だけで，湿地に関する問題がすべて解決できるということにはならない．

また，ラムサール条約に定められている締約国の権利・義務は以下のとおりである（外務省，2015）．

- 各締約国は自国の領域内にある国際的に重要な湿地を指定し，指定され

た湿地は国際的に重要な湿地の登録簿に掲載される（第2条1, 2）
- 締約国は，条約湿地の保全及び湿地の適正な利用を促進するため，計画を作成し，実施する（第3条）
- 締約国は，条約湿地であるかを問わず，領域内の湿地に自然保護区を設けることにより湿地及び水鳥の保全を促進し，自然保護区の監視を行う（第4条1）
- 湿地の研究，管理及び監視について能力を有する者の訓練を促進する（第4条5）

すなわち，締約国の義務として定められているのは，自然保護区の管理や，監視，またそれについての訓練の促進など，法的制限は少なく，適正な利用，とラムサール条約が掲げる反面，湿地の保護という行為については，法的能力や規制をもたないため，保護と利用のバランスをとるのは容易ではない．

ここで，条約だけでなく，地元の自治体や，コミュニティの役割を考えてみようと思う．上記の第4条1，および第4条5をみると，保護区の管理や訓練についての記載がある．これにより，地元の理解を深めたり，学校などを通して教育を促進させることに関しては一定の役割を果たしているといえるかもしれない．水資源および湿地は，人の活動からの影響を受けやすい環境要素であると同時に，飲み水への利用や農業，工業への利用など，なくてはならない存在である．人間が己の活動によって，知らず知らずに，自分の生命の元を断っている，という状況から一歩進み，どうすることでそれを防ぐことができるのか，具体的にどういった活動ができるのか，というのが教育啓蒙活動である．そのためには，地元に根づいた活動，つまり，自治体や学校などと協力し，対策を練っていくことが有効ではないだろうか．

政策決定のプロセスは，近年トップダウンからボトムアップ，つまりすべて上（トップ）が決定して下（ダウン）が従うという旧来の姿から，住民や地域住民（ボトム）の実情や要望にこたえて，施策を練っていく（アップ），という形に徐々に変化してきている．ラムサール条約についても，トップが条

約を結び，それで終わり，というのではなく，まさしく，適正な利用というものをめざして，地域が主体となり，保護と利用のバランスを考えていくことが必要だといえるだろう．

　この点を踏まえた上で，利用と保護，それにかかわる地域の活動について，応用，活用できそうなモデルについて考察していく．

3. サーキットモデルとは

　環境保全活動は，地域社会の条件や指導者の資質，活動に参加する人々の熱意に大きく依存し，それは日常の保全活動の努力が，すぐには「成果」に結び付かないからであろうと，敷田・末永（2003）は，指摘している．さらに，保全活動が行われている地域は比較的自然が残る，つまり人口が相対的に少ない地域が多く，そのため，「人」に恵まれた都市部の環境保全活動と比較すると，多様な人々の参加による活動のダイナミズムが不足がちだということを指摘している．

　また，敷田・森重（2006）は，「他律的観光」つまり，観光地が地域外の観光業者や資本に従属させられやすい従来のマスツーリズムに対し，「自律的観光」すなわち地域主導で創出する持続可能な観光地として，地域社会の側が自らの意志や判断で観光サービスを提供することが重要であると述べている．

　ここで論点になっているのは，湿地に対する環境保全活動であるが，これを他律的に，外部の力（ここではラムサール条約や，鳥獣保護区または，環境省や外務省など地元とは直接関係ない力）だけに頼るのではなく，自律的，つまり地域住民や地元が保全の活動について積極的にかかわり，決定権をもつということが，有効ではないかと考えてみたい．

　環境政策のデザインプロセスにも，「サーキットモデル」（敷田・森重 2003，敷田 2005）をあてはめて考えてみる．サーキットモデルは，4段階のステッ

図1　サーキットモデル

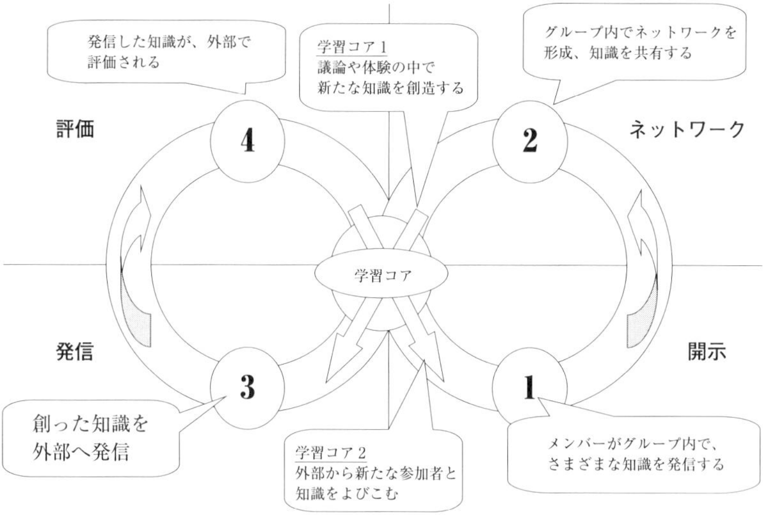

発信した知識が，外部で評価される

学習コア1
議論や体験の中で新たな知識を創造する

グループ内でネットワークを形成，知識を共有する

評価　　　　　　　　　　　　　　　　　　　ネットワーク

発信　　　　　　　　　　　　　　　　　　　開示

創った知識を外部へ発信

学習コア2
外部から新たな参加者と知識をよびこむ

メンバーがグループ内で，さまざまな知識を発信する

出典：敷田 2007 ver.10.05

プとして，「知識の開示（opening stores/knowledge）」「ネットワークの形成（networking）」「成果の発信（presentation）」「イメージの形成（evaluation）」の四つのフェーズと，「学習コア」で構成される．

　第1段階として，メンバーつまりここでは地域住民がグループ内でさまざまな知識を開示・発信し，第2段階の知識や問題の共有の段階へとつながる．ここでの議論または体験をもとにして新たな知識を創造し（学習コア1），次に，第3段階として創造された知識を外部へ発信していく．発信された知識が外部で評価を受け，新たにイメージが形成されるのが第4段階である．その後，外部から新たな参加者と知識を呼び込み（学習コア2），再度，第1段階の，新たなメンバーが新たな知識を発信し，さらにこのステップが第2段階，第3段階へと繰り返されるという，回転型（サーキット）のモデルが構築されている．新たな参加者や知識が加わるところで，サーキットは1段階上に昇り，この回転が繰り返され，上へ上へと昇っていくことになる（図2）．

図2　サーキットモデルのスパイラル上昇

4　発信した知識が，外部で評価される　Evaluation

2　グループ内でネットワークを形成，知識が共有される　Networking

3　創った知識を外部へ発信　Presentation

1　メンバーがグループ内で，さまざまな知識を発信　Opening store

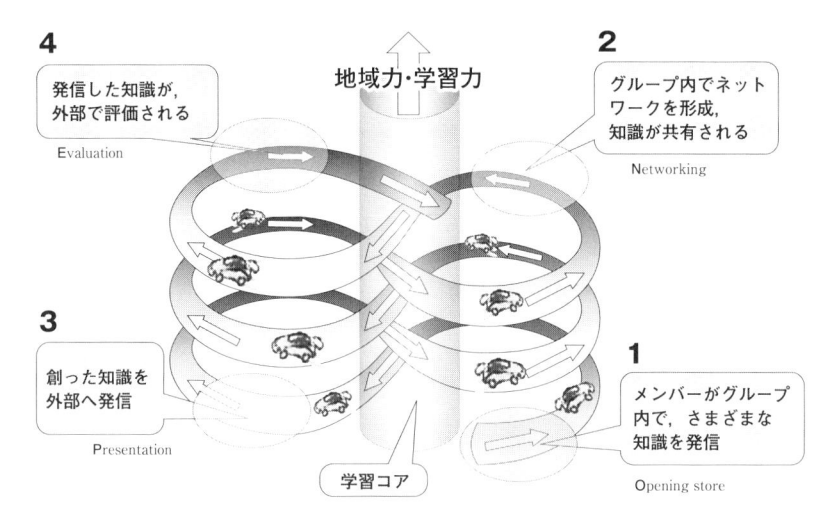

地域力・学習力

学習コア

出典：敷田 2007 ver.10.05

　またこのモデルは，サービスからデザインの提供，享受に至るまでプロセスを「参加の度合い」という視点でも重要視しており，外部者が企画したサービスを単純に享受しているだけでなく，主体的参加，つまり地元住民が，主体的にサービスをデザインし，アイデアをだすだけのレベルから，他へ働きかけるレベル，そして自身がサービスのデザインに意識的にかかわるレベルまでの，参加の度合いが段階的にあるとしている．
　次に，このサーキットモデルが，二つの事例研究地域である谷津干潟とドナウ湿原において，どう解釈，応用することができるか見ていく．

4. 事例研究：東京湾とドナウ湿原より

(1) 谷津干潟

　谷津干潟は，千葉県習志野市西部の東京湾部に位置する約 40 ha の干潟で，

干潟の東端にある谷津川と西端にある高瀬川を通じて東京湾とつながっている．かつては，東京湾沿岸一帯に広がる干潟の一部であったが，周囲の埋め立てにより，長方形の干潟として残ったものである．干潟は西側を横断する道路によって三つに分かれ，それぞれの干潟は道路下の狭い水路で結ばれている．

1960 年代から 1970 年代にかけて，千葉県の東京湾岸沿いの干潟は，次々に工業地や住宅地として，埋め立てが進み開発されていった．習志野市谷津地先の干潟は，利根川放水路計画により埋め立てを免れ，埋め立て地の中に 2 本の水路で海とつながる池のように残された．その後，埋め立ての計画は持ち上がったが，東京湾に飛来する渡り鳥（シギ類，チドリ類）の稀少な生息地になっていることが指摘され，また保護活動家による清掃活動や宣伝活動により，市民の間でもその重要性が認知され，1988 年に国指定鳥獣保護区に指定され，さらには 1993 年には日本では 7 番目，干潟としては初のラムサール条約湿地に登録された．

谷津干潟の歴史を振り返ると，明治時代には遠浅の海岸を利用し，入浜式塩田が整備された．1925 年（大正 14 年）には京成電鉄が海浜レジャー用地として谷津干潟を含む塩田 74.8 ha を買収，その一部（約 30 ha）を谷津遊園地として整備する．谷津遊園は身近なレクリエーション施設として，1982 年の閉園まで近郊の人々に親しまれた．1940 年（昭和 15 年）には，利根川増補計画に基づく放水路整備を図るため，内務省および運輸通信省が京成電鉄から谷津干潟を含めた 49.6 ha を買収したが，その後，この土地は用途廃止により大蔵省普通財産となる．戦後の再復興，開発，埋め立てブームにのり，1966 年（昭和 41 年）には京葉港第 2 次埋立事業計画が千葉県より習志野市に提示された．

しかし，1971 年（昭和 46 年）に「千葉の干潟を守る会」が結成され，習志野・幕張海岸の埋め立て反対表明をして以降，「習志野海岸の干潟保護および埋め立て計画変更について」習志野市議会および千葉県議会に請願が行われたり（請願者数 221 名），また同時期に「習志野の埋立と公害に反対する会」

が結成されたりと，環境保全運動が盛んになっていく．1974年（昭和49年）には，「谷津干潟愛護研究会」が設立され，干潟清掃および保全活動を開始し，また，「千葉県野鳥の会」の発足後は，谷津干潟の保存運動と野鳥調査が開始された．1975年（昭和50年）には「谷津干潟の保全と自然教育園の設置に関する請願」が請願者数9,728名により習志野市議会および千葉県議会に提出された．習志野市は，京葉港第2次埋め立てについて谷津干潟の埋め立てを前提とした土地利用基本計画を立て，公有水面埋立法に定める地元首長意見として県企業庁に報告していたが，1977年（昭和52年）環境庁および千葉県が谷津干潟を国設鳥獣保護区に制定することを計画する．その後，1988年11月に環境庁が谷津干潟を国設鳥獣保護区として制定，1993年には谷津干潟の40.1haがラムサール条約に登録された（谷津干潟自然観察センター，2004）．

　以上のように，戦後の開発ブームにおされ，埋め立て地として計画されていた谷津干潟ではあるが，住民の環境保全へのさまざまな活動を経て，鳥獣保護区，のちにはラムサール条約に制定されるまでとなった．日本の高度成長期において，大きな環境問題がおこった地域もあれば，また谷津干潟のように，国や地域の政策を，地域住民の力により転換させたという点では，政策のボトムアップの例として挙げてもよいだろう．

　サーキットモデルの事例としては，メンバーつまり，地域住民がグループ内でさまざまな知識を発信し，問題を共有化（勉強会やワークショップなどの開催），そして新たに創造された知識を外部発信（会の結成や，議会への嘆願）し，外部から評価を受ける（政策への応用）というプロセスで解釈することが可能だろう．つまり，谷津干潟周辺では，以前から，サーキットモデルで表されるように，地域住民同士が働きかけ合い，政策決定者側へと発信し，その後，新たな参加者や知識を集めてさらに上の段階へと展開，昇華していった結果，最終的にはラムサール条約という国際保護条約への登録となったのである．

　ラムサール条約地への登録後の現在も，ここを訪れる住民は少なくない．

谷津干潟自然観察センターでの教育イベントやプログラム開催の他にも，個人参加型のボランティアから，ガイドウォーク，住民参加の環境モニタリングや水鳥データ解析など，各方面での幅広い活動が行われている．周辺の小中学校の多くがここで課外活動をするということを見ても，地域における価値や役割が大きく，子どもの時から谷津干潟の存在，または保護活動そのものを知るきっかけになっているともいえる．

(2) ドナウ湿原

ドナウ湿原は，英名では Danube flood plains, スロバキア名では Dunajske luhy と呼ばれる 14,488 ha にわたるドナウ川沿いの湿原を指す（図3）．ドナウ川はこの地域では，オーストリア，ハンガリー，スロバキアの3か国の国境となっており，中欧ヨーロッパの重要な水資源（とくに飲料用の滞水層）ともなっている．また，湖や支流，砂地，沼地，森林や低地の草原をつなぐネットワークとしての環境学的価値も高く，水鳥の重要な生息地であること以外にも，多様な生物多様性を提供している．ここでの人間活動としては，

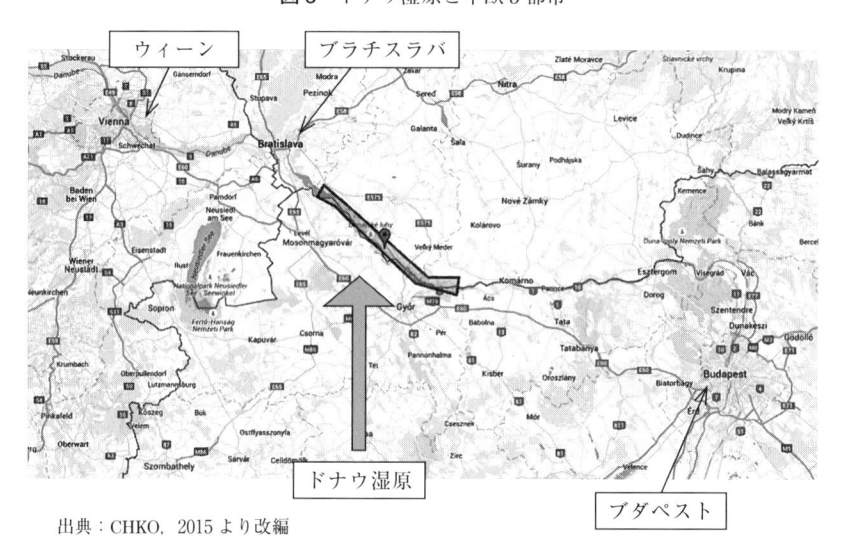

図3 ドナウ湿原と中欧3都市

出典：CHKO，2015 より改編

林業，漁業，工場用水利用の他に，自転車やハイキング，水泳や魚釣りといったレクリエーションが挙げられる（Ramsar sites information service 1998）．上記 3 か国の国境に位置すると同時に，その 3 か国それぞれの首都である，ウィーン，ブダペスト，ブラチスラバからの距離も近く，直接的および間接的にも利用者数は多い．そのため，人間活動が環境へ与える影響は大きく，湿地保護へむけた，なんらかの対策を講じることが現在も求められている．

　BROZ（2015）によると，ドナウ湿原は，もともと数多くのカワウが生息することから，鵜の島とも呼ばれており，1929 年の時点ではロニャーン男爵の所有地であるとされており，旧チェコスロバキアの中でも最初の鳥類保護区であった．ドナウ国立公園への制定の試みは 1960 年代と 1980 年代の後半に盛んになり，研究者側からも，ボランティアの側からも保護の要請がなされていた．その背景には，ガブチコボ・ナジュマロシュ水道とダムの建設により，一部の内陸デルタ地域が破壊されたことがある．他の地域も，ドナウ川の流れや洪水によって影響を受け，また林業への利益効率のため，多くの自然林が成長の早い人工ポプラ林へと植え替えられたという背景もある．1992 年よりガブチコボダムは操業し始めたが，その前後に多くの生物多様性が失われたとも指摘されている．1993 年にドナウ湿原はラムサール条約地に登録され，さらに 1998 年には自然保護区（Protected Landscape Area - PLA）と制定されている．

　近代の歴史をみると，研究者や専門家だけでなく，ボランティア側からもドナウ湿原保護の要請があり，最終的には，ラムサール条約地，自然保護区と制定されてはいるが，その前後には生物多様性が失われ，また林業の効率化のために人工林へと植え替えられた点をみると，環境保護や住民参加の姿勢はまだ低く，政策転換までには追いついていないという現状である．

　現在のドナウ湿原においての管理や環境トレーニングについては，スロバキア側では環境省すなわち公的機関が行っている．また，ウィーンとブラチスラバの都市間をつなぐドナウ川上流の緑のエリア 9,300 ha は，オーストリア政府が水力発電をつくろうと調査を行った結果，経済的には保護地区に制

定した方が効果があるということで，1996年に，ドナウ・アウエン国立公園と指定された（Dunau–Auen NP Society, 2015）．国立公園に制定されたことにより，ダムの建設などからのがれ，自然のまま保護が強化されるとともに，国立公園管理の一環として，過去の人間活動のマイナスの影響を緩和するための，湿原林の再生方法が探られている．

　スロバキアやハンガリーなど中欧諸国は，歴史的には旧共産圏に属し，環境政策をはじめ，政策一般への住民の主体的参加は，BROZ（ブラチスラバ環境保護協会）や，DAPHNE（ドナウ環境研究所）の例をみても，まだ始まったばかりともいえるかもしれないが，少しずつ変化していくものであろう．この変化のスピードをあげるためにも，サーキットモデルによる分析，応用を考えるとするならば，地域住民が知識を発信，共有する場，そして外部へ発信し評価を受けるシステムというものも新たに必要であろう．新たな参加者，また付随した知識を新たに持ち込むことの重要性はいうまでもないが，地域が主体性をもって，トップダウンではなく，政策参加を積極的にした，ボトムアップの動きが持続可能な環境利用において求められる．長くこの地域を支配していたイデオロギーすなわち旧共産主義，社会主義的背景からすると，住民参加による政策転換というのは，なかなか実現が難しいのが現在の状況かもしれない．しかし，それに抑圧されてきた古い世代から，それ以外の世界に触れる機会の多い，新しい世代へと，世代交替が進んでいく実情を踏まえると，環境政策へ住民参加が進む，ということもそう遠い未来の話ではないことが期待される．

　ラムサール条約がこの地域で果たす最も大きい役割として，国境を越えた問題，すなわちここでは水鳥の生息地である湿原の管理に対して，多国間がともに共通の問題を解決しようという橋渡しの役割をすることが挙げられるであろう．オーストリア，旧チェコスロバキア，ハンガリーという，地続きであり，歴史的には決して平坦でない道を歩んできた地域が，今も国境を挟んでドナウ湿原の管理を，ラムサール条約下において，ともに行っている．ラムサール条約という橋掛けなしには，なかなか同じ席につき，同じ問題を

解決しようというのは難しいことかもしれない．たとえなんらかの歴史的対立をもつ多国間同士でも，共通の環境問題を解決するための，有効な対策をとることが可能であるというのが，この条約の評価できる点である．

5. 事例研究の比較

自然環境も歴史もまったくことなる二つの国，日本とスロバキアであるが，1993年の同時期に，それぞれの首都に近い干潟と湿原がラムサール条約地に登録された．そこに至るまでの背景と，制定後の流れ，またそれに大きく影響する市民団体（NGO, NPO）や住民参加のレベル，そしてラムサール条約制度の果たす役割を比較してみたい．表1の保護関連法，制度の一覧をみると，ラムサール条約地に制定される前後にも，両国ともさまざまな法整備

表1　谷津干潟とドナウ湿原の比較

	谷津干潟	ドナウ湿原
地域	東京湾最奥部	ドナウ川中流
面積	0.4 km²	122.84 km²
ラムサール条約登録年	1993	1993
保護関連法, 制度	国指定鳥獣保護区（1988），東アジア・オーストラリア地域フライウェイ・パートナーシップ（1996）	ドナウ・アウエン国立公園（1996），自然保護区（1998），Natura 2000
環境への影響	都市化，道路建設	都市化，ダム建設，林業利用
市民団体 NGO/NPO	千葉県野鳥の会，千葉の干潟を守る会，谷津干潟愛護研究会，谷津干潟環境美化委員会，谷津干潟友の会，谷津干潟自然教室他多数	Broz，他？
住民参加レベル	高	低
制度の果たす役割	都市化の流れの中，住民の意思表示が，保護政策へ一定貢献	歴史的背景を背負った3カ国の話合いの場の提供

や環境保護へむけた制度の採用をしていることがわかる．

しかし，活動しているNGO/NPOや市民団体の数をみると，谷津干潟では多数の団体が存在するのに対し，ドナウ湿原ではBROZやDAPHNEの他には，目立ったNGOの活動はまだみられない．次項目の，住民参加レベルの高／低はここから判断されたものであるが，ドナウ湿原周辺での市民レベルでの保護活動の参加の度合いは，谷津干潟周辺でのそれと比べ，まだまだ低いといえる．これには歴史的背景や，政治的イデオロギー（旧社会主義国，共産主義国）などに起因するといえるだろう．旧ソ連が崩壊し，20年ほど前にやっと，新しい歴史のページを開いた中欧の国々においては，住民参加はこれからといえるかもしれないが，グローバリゼーション下において，これからどういう形をとっていくかは興味深い部分である．また，制度の果たす役割として，谷津干潟では，住民の保護への意思表示が，都市化や建設ブームの流れにストップをかけ，国指定鳥獣保護区から，さらには国際条約保護地へと制定されたことを挙げれば，地域住民活動の成果が政策に反映した大きな転機ともみることができるだろう．ドナウ湿原では，周辺3か国の国境がドナウ川であるため，政治が環境に大きくかかわってきた例といえる．ラムサール条約という国際条約下において，歴史的には対立も抱えてきた多国間において，水源地の保護という，共通の政策ゴールをもつことで，話し合いの場を設けることができるのは，評価できるのではないか．

お わ り に

サーキットモデルが示すように，環境行政においては，国レベル，行政レベルだけでなく，地元住民やコミュニティを含んだ，さまざまなレベルでの協力が求められている時代になってきているといえる．

日本のラムサール条約湿原では実践がみられるサーキットモデルであるが，スロバキアの事例では，住民参加という考え方が旧共産主義国ではまだ

新しいため，実現されるのには未だに時間がかかるといえるかもしれない．谷津干潟に比べるとドナウ湿原での地域住民活動に目立ったものはない．しかし，スロバキアやハンガリーが旧共産圏であるという歴史的事実を踏まえると，住民参加や地域主体の政策決定はまだ始まったばかりであり，今後の変化に期待するべき，といえる．

一方，ラムサール条約がこの地域に果たしている役割として，条約批准をしているおかげで，国境を越えた問題，すなわちここでは水鳥の生息地である湿原の管理に対して，たとえなんらかの歴史的対立をもつ多国間同士でも，共通の環境問題を解決するための，有効な措置をとることが可能である，ということが挙げられる．

ラムサール条約は，法的制限や強い効力がない，また，他の条約指定地（国立公園や世界遺産）に比べ，保護区の面積がわりあい小さいのと，狭い範囲での，限られた効力しかもたないといった批判も受けることがあるが，季節的移動習性によって，多国間を移動する水鳥の生息地である湿原を保護する条約としては，一定の効果をもつといえるだろう．また，国同士の対立のある地域でも，対話の場がつくられ，共通の解決策が探られる，というひとつの政治的解決を与えるツールになるということで，評価されてもよいと考える．

参 考 文 献

Bengtsson, J., Angelstam, P., Elmqvist, T., Emanuelsson, U., Folke, C., Ihse, M., Moberg, F., Nyström, M.(2003), "Reserves, resilience, and dynamic landscapes". Ambio 32, 389-396.

BROZ(Bratislava Regional Protection Association)(2015), "Dunajské luhy. Divočina na Dunaji a projekt na záchranu lužných lesov Divočina na Dunaji a projekt na záchran" (Dunaj flood plain Wilderness on the Danube and the project to save the Wilderness floodplain forests.").
http://ec.europa.eu/environment/life/project/Projects/index.cfm?fuseaction=home.showFile&rep=file&fil=DANUBE_brochure_SK.pdf　12.05.2015.

DAPHNE(2015). Institut Aplikovanej Ekologie http://www.daphne.sk/　01/07/2015.

Dunau-Auen National Park Society(2015), "Dunau-Auen National Park". http://www.

donauauen.at/kontakt/ 01/07/2015.

Dietz, T., Ostrom, E., Stern, P. C.(2003), The Struggle to Govern the Commons. *SCIENCE*. Vol. 302, 2003, pp. 1907-1912.

Hettiarachchi, M., T.H. Morrison, McAlpine, C.(2015), "Forty-three years of Ramsar and urban wetlands". *Global Environmental Change*, Volume 32, May 2015, p. 57-66.

Mauerhofer, V., Kim, R.E., Stevens. C.(2015), "When implementation works: A comparison of Ramsar Convention implementation in different continents". *Environmental Science & Policy*, Volume 51, August 2015, p. 95-105.

Millennium Ecosystem Assessment(2005), *Ecosystems and Human Well-Being: Synthesis Report*, Island Press, Washington, DC.

CHKO Dunajske Luhy Podunajsko(2015). http://tipnavylet.webnode.sk/products/chko-dunajske-luhy/ (15/05/2015).

Ramsar Convention on Wetlands - Convention on Wetlands of International Importance especially as Waterfowl Habitat 1971-2-2 996 UNTS 245; TIAS 11084; 11 ILM 963 (1972).

Ramsar sites information service(1998), Dunajské luhy, site number 605. https://rsis.ramsar.org/ris/605 (15/05/2015).

外務省（2015）「ラムサール条約」（とくに水鳥の生息地として国際的に重要な湿地に関する条約：The Convention on Wetlands of International Importance especially as Waterfowl Habitat　http://www.mofa.go.jp/mofaj/gaiko/kankyo/jyoyaku/rmsl.html （12/5/2015）.

環境省自然環境局（2015）「ラムサール条約と条約湿地」http://www.env.go.jp/nature/ramsar/conv/1.html （05/05/2015）.

敷田麻実（2005）オープンソースによる地域沿岸域管理の試み *Journal of coastal zone studies* 17（3）, 67-79, 2005. 日本沿岸域学会.

敷田麻実（2007）知識創造のサーキットモデル，サーキットモデルのスパイラル上昇 version 10.05. 地域創造のための「open サーキットモデル」. http://www.geocities.jp/yumebouken2000/circuit_model/index.htm （05/05/2015）

敷田麻実・末永聡（2003）「地域の沿岸域管理を実現するためのモデルに関する研究：京都府網野町琴引浜のケーススタディからの提案」『日本沿岸域学会論文集』vol. 15. 25-36頁.

敷田麻実・森重昌之（2003）「持続可能なエコツーリズムを地域で創出するためのモデルに関する研究」　観光研究学会『観光研究』Vol. 15（1）.

敷田麻実・森重昌之（2006）「オープンソースによる自律的観光――デザインプロセスへの観光客の参加とその促進メカニズム――国立民族学博物館調査報告」（西山徳明編　『文化遺産マネジメントとツーリズムの持続的関係構築に関する研究』）.

原口昭（2013）『日本の湿原』生物研究社.

山下弘文（1993）『ラムサール条約と日本の湿地――湿地の保護と共生への提言』信

山社出版.
谷津干潟自然観察センター（谷津干潟公園センターゾーン）（2004）『谷津干潟の歴史（ラムサール条約登録までのみちのり）』谷津干潟ワイズユースパートナーズ　http://www.seibu-la.co.jp/yatsuhigata/　（2015年5月アクセス）.

あとがき

　本書が寄って立つ基盤は，中央大学政策文化総合研究所のプロジェクト「中央ユーラシアと日本：研究動向と現地状況（第 2 期）」（2012 ～ 2014 年度）である．この 3 年の間，研究員は一貫して変わらずに中央大学教授の 6 名（イ・ヒョンナン，梅村坦，酒井正三郎，新免康，保坂俊司，松田俊道）で，梅村が主査を務めた．客員研究員には黒川剛，塩谷真梨，清水由里子，椙田雅美，鈴木健太郎，田中努，田辺勝美各氏が 3 年継続し，最後の年度には姜聲媛，朴惠貞の 2 名が参加した．また準研究員としては途中参加を含めて最終年度には王瓊，香月法子，金博諒，西村美智子，細田和江，ムンクジルガラ，森岩紀賢の各氏がメンバーであった．

　なかなかの大所帯で，全員が一堂に会することは難しい面があったが，それぞれがプロジェクトの趣旨をふまえて，個別の調査・研究活動に励み，またプロジェクトとしての公開研究会に参加して議論に加わる形で活動を行った．以下には，活動の概要を披露しておく．詳細は毎年度発行の『中央大学政策文化総合研究所年報』（以下，『年報』と略称）を参照されたい．

　2012 年度には公開研究会を 2 回開催した．すなわち，2012 年 11 月 10 日には，中央大学人文科学研究所のプロジェクト「イスラーム地域における聖地巡礼・参詣」との共催で，フランス国立科学研究センター上席研究員のティエリ・ザルコヌ氏による Myth and Ritual: The case of Islamized Shamanizm in Xinjiang という講演を中心とした研究会が第 1 回．第 2 回目には，2013 年 1 月 21 日に NIHU「イスラーム地域研究：東京大学拠点」との共催で新疆師範大学准教授シェリンアイ・マソティ「新疆ウイグル自治区におけるウイグル語と漢語の言語接触について：2010 年における調査の紹介を中心に」と題する講演・研究会を催した．そのほか，のべ 10 名が国内調査に従事した．この年度の『年報』には田中努「ユーラシア大陸の東と西

における産業革命への道のり」が掲載された．

 2013年度の公開講演会として，2013年10月25日に人文科学研究所「イスラーム地域における聖地巡礼・参詣」と共催，またNIHU「イスラーム地域研究：東京大学拠点」，NIHU「現代中国地域研究：早稲田大学拠点」，「中国ムスリム研究会」，「日本中央アジア学会（JACAS）」の後援により，中国作家張承志の講演会「紅衛兵からパレスティナへ：中国・東アジア発，ムスリム作家の視線」を開催した．このほか，のべ7名のメンバーが国内調査を行った．この年度の『年報』には細田和江「イスラエルにおける少数派の文学言語：アラブ人作家アントン・シャマスとサイイド・カシューアのヘブライ語選択」が掲載された．

 2014年度の活動としては，2015年2月14日に国際ワークショップ「現代中国における少数民族文化の動態」を，NIHU「現代中国地域研究：早稲田大学拠点」，NIHU「イスラーム地域研究：東京大学拠点」との共催によって開催し，中国から3名（蘭州大学教授王建新，新疆師範大学教授ディルムラト・オマル，新疆大学副教授リズワン・アブリミティ），日本から5名（中央大学教授新免康，愛知大学研究員田中周，早稲田大学研究員野田仁，早稲田大学研究員砂井紫里，人間文化研究機構研究員木村自）の講演者を得て終日討議を重ねた．また2015年3月30日には新疆師範大学教授アナトラ・グリジャナティの「中国少数民族地域における都市化と社会変動：新疆ウイグル自治区カシュガル市の事例を中心に」と題する講演をもとに議論した．このほか，のべ6名が国内調査を，のべ2名が国外調査を実施した．

 以上のようなプロジェクト活動の中から，本書の6篇の論考が生まれた．このほかのメンバーの中にも，論述を志して努力されたにもかかわらず時かならずしも味方せず，あらためての機会を待つこととした方々がおられることを記しておきたい．各メンバーはこのプロジェクトにおける研究成果を，それぞれの研究・教育・実務の現場に生かし，このような書籍以外の論文そのほかの形で世に還元していることを申し添える．

最後に，本書の編集にあたり政策文化総合研究所事務担当の百瀬友江さん，中央大学出版部の柴﨑郁子さんにお世話になったことを記して感謝したい．

編者　梅　村　坦

執筆者紹介（執筆順）

保坂　俊司（ほさか　しゅんじ）　研究員・中央大学総合政策学部教授

田中　努（たなか　つとむ）　客員研究員・元中央大学総合政策学部教授

新免　康（しんめん　やすし）　研究員・中央大学文学部教授

王　瓊（ワン　チオン）　準研究員・中央大学総合政策研究科博士課程後期課程修了

香月　法子（かつき　のりこ）　準研究員・中央大学総合政策研究科博士課程後期課程修了

塩谷　真梨（しおや　まり）　客員研究員・スロバキア科学アカデミー森林生態学研究所研究員

編者紹介

梅村　坦（うめむら　ひろし）　研究員・中央大学総合政策学部教授

中央ユーラシアへの現代的視座
中央大学政策文化総合研究所研究叢書 21

2016 年 3 月 25 日　初版第 1 刷発行

編　者　梅　村　　坦
発行者　中央大学出版部
代表者　神﨑　茂治

〒192-0393　東京都八王子市東中野 742-1
発行所　中央大学出版部
http://www2.chuo-u.ac.jp/up/
電話 042(674)2351　FAX 042(674)2354

© 2016　　　　　　　　　　　　　ニシキ印刷／三栄社
ISBN978-4-8057-1420-1